**ブルーガイド
てくてく歩き ⑪**

熊野古道
南紀・伊勢

目次 てくてく歩き ── 熊野古道・南紀・伊勢

ブルーカイド
11

熊野・高野山

南紀

伊勢・二見浦・松阪

てくちゃん

てくてく歩きシリーズの案内役を務めるシロアヒル。趣味は旅行。旅先でおいしいものを食べすぎてほぼ飛ぶことができなくなり、徒歩と公共交通機関を駆使して日本全国を気ままに旅している。

● 宿泊施設の料金は、おもなタイプの部屋の室料（税・サービス料込み）です。食事付きの旅館などの場合は、平日1室2名利用でひとりあたりの最低料金を表示しています。温泉施設がある旅館やホテルの場合は、原則、入湯税込みの料金を表示しています。

● 各種料金については、税込みのおとな料金を載せています。

● 店などの休みについては、原則として定休日を載せ、年末年始、お盆休みなどは省略してありますのでご注意ください。LOと表示されている時間は、ラストオーダーの時間です。

● この本の各種データは2024年12月現在のものです。これらのデータは変動する可能性がありますので、お出かけ前にご確認ください。

目的地さくいん地図

南紀を旅する前に、大まかなエリアと注目の観光スポットがどこにあるのかこの地図で全体をつかんでおきましょう。

[熊野]
世界遺産・熊野三山と
熊野古道のコース
P.16

[高野山]
世界遺産の山岳霊場
真言密教の町
P.52

[白浜]
白砂が続く海岸線に
名湯がある南国エリア
P.66

[伊勢]
今も昔もお伊勢参りで
賑わう聖地
P.86

[二見浦]
神々しい夫婦岩は
伊勢観光の定番
P.120

[松阪]
松坂牛で舌鼓
武家屋敷が残る城下町
P.128

滋賀県

京都府

三重県

大阪府

奈良県

高野山 52

湯の峰温泉 45
川湯温泉 47
渡瀬温泉 48

十津川 60
龍神温泉 49
十津川温泉 48
瀞峡 64

近露 25
熊野古道中辺路コース 18

紀伊長島駅

熊野古道ツヅラト峠コース 124

尾鷲駅

熊野古道馬越峠コース 126

熊野灘

熊野市駅

本宮 32
熊野本宮大社 33
世界遺産 熊野本宮館 34
新宮 36
熊野速玉大社 37
神倉神社 38

紀伊勝浦 81
太地 78

紀勢本線

串本 78
橋杭岩 79
潮岬 80

那智 40
那智大社 41
大門坂 42
青岸渡寺 44

古市 112
河崎 113
神宮徴古館 114
伊勢 86
松阪 128
伊勢シーパラダイス 122
夫婦岩 122
二見浦 120
伊勢神宮外宮 99
伊勢神宮内宮 101
おかげ横丁 104
おはらい町 104

N
1:980,000
0   30km

80 海の眺めがいいスポット
45 温泉を愉しめるエリア・スポット
20 ぜひ訪れたいエリア・スポット
24 この本で紹介しているエリア・スポット

目的地さくいん地図

5

~目線を変えたらこんな風景だった~

多彩な紀伊半島の景観を訪ねる旅

写真・文／山本直洋

ぽっかり穴の開いた円月島を空から眺める

温泉で知られる白浜のランドマーク・円月島。夕暮れには穴の中に太陽が収まる景色が見られる。橋杭岩など、南紀の海岸には印象的な景観が多い。

幽玄な雰囲気ただよう 世界遺産・熊野古道

　杉木立の中をのびる石畳は、熊野三山への巡礼者がたどった道。世界に2つしかない道の世界遺産・熊野古道には、短時間で気軽に歩ける道もある。

**圧巻の大瀑布
那智の滝**

　下から見上げる滝は、一段のものとしては日本最大の落差の133メートル。遠く海上からも見える滝を目印に、東征する神武天皇が紀伊半島に上陸したという。

人間と自然、神話の
つながりを肌で感じる地

　南紀には他の場所にはない独特な雰囲気がある。この地域の気候による独自の植生のためなのか、霊場が多いためにそう感じるのか。山に一歩足を踏み入れると、霊的な何かに見守られているような不思議な感覚になる。日本神話とも縁が深いこの地は、神々が降りた聖地として古くから人々に崇められてきた。早朝誰もいない熊野古道を歩くと、ここが聖地となった理由がわかった気がした。南紀の海も魅力的だ。円月島や、橋杭岩など、波の浸食によってできた奇岩が数多く存在する。円月島を裏から見てみると意外と緑が多い事に気がついた。ただの無機質な奇岩ではなく、生命を感じる岩だった。人間と自然、そして神話とが相互に絡み合い、南紀でしか感じる事のできない魅力となっているのだろう。

**山本直洋
（やまもと・なおひろ）**
モーターパラグライダーによる空撮を中心に活動する写真家。「Earthscape」と題して、地球を感じる写真をテーマに作品を撮り続ける。TV・CM・映画等の空撮動画撮影も手がける。
http://www.naohphoto.com

~伊勢神宮・熊野三山・高野山~

こころ癒やされる信仰の地

日本の聖地
伊勢神宮

　皇室の崇敬もあつく、日本中から参拝の人々が絶えない伊勢神宮。2013年には20年に一度の式年遷宮を迎え、新旧の社殿が立ち並ぶ姿や神宮に奉仕する氏子の姿が見られた。

上から熊野本宮大社・新宮速玉大社・熊野那智大社

高野山では今も弘法大師が生き続ける

よみがえりの熊野と仏教の聖地・高野山

　古くは平安時代の熊野詣で知られる熊野は、身分も性別も問わず救いを求める人々を受け入れてきた。なればこそ険しい山を越える巡礼が絶えなかったのだろう。
　高野山は弘法大師が開いた霊場。奥之院には敵味方を越えて多くの戦国武将の墓が集まっている。

ベストシーズンカレンダー

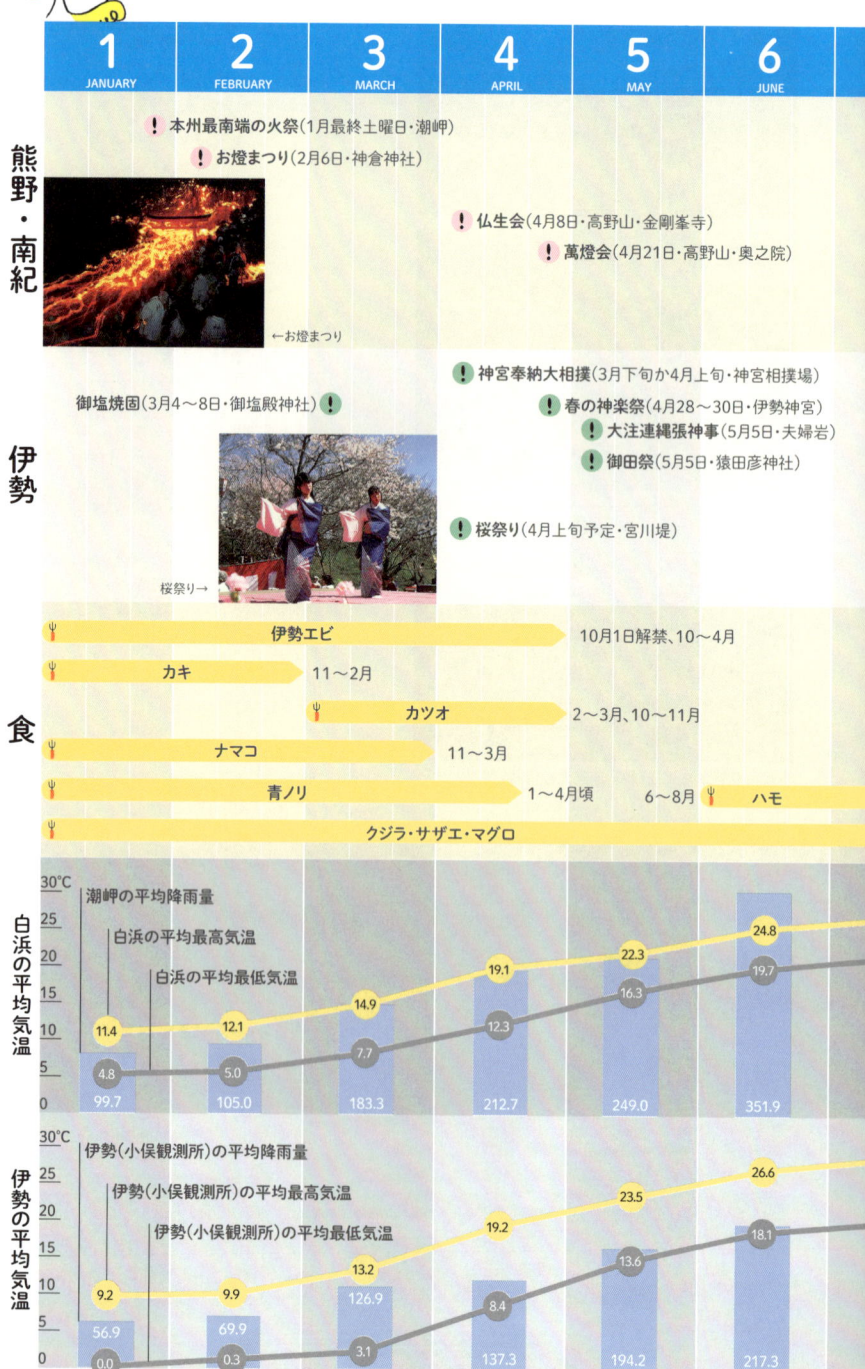

	1 JANUARY	2 FEBRUARY	3 MARCH	4 APRIL	5 MAY	6 JUNE

熊野・南紀

- ❗本州最南端の火祭(1月最終土曜日・潮岬)
- ❗お燈まつり(2月6日・神倉神社)
- ❗仏生会(4月8日・高野山・金剛峯寺)
- ❗萬燈会(4月21日・高野山・奥之院)

←お燈まつり

伊勢

御塩焼固(3月4〜8日・御塩殿神社)❗

- ❗神宮奉納大相撲(3月下旬か4月上旬・神宮相撲場)
- ❗春の神楽祭(4月28〜30日・伊勢神宮)
- ❗大注連縄張神事(5月5日・夫婦岩)
- ❗御田祭(5月5日・猿田彦神社)
- ❗桜祭り(4月上旬予定・宮川堤)

桜祭り→

食

- 伊勢エビ　10月1日解禁、10〜4月
- カキ　11〜2月
- カツオ　2〜3月、10〜11月
- ナマコ　11〜3月
- 青ノリ　1〜4月頃
- 6〜8月　ハモ
- クジラ・サザエ・マグロ

白浜の平均気温

潮岬の平均降雨量
白浜の平均最高気温
白浜の平均最低気温

	1	2	3	4	5	6
最高気温	11.4	12.1	14.9	19.1	22.3	24.8
最低気温	4.8	5.0	7.7	12.3	16.3	19.7
降雨量	99.7	105.0	183.3	212.7	249.0	351.9

伊勢の平均気温

伊勢(小俣観測所)の平均降雨量
伊勢(小俣観測所)の平均最高気温
伊勢(小俣観測所)の平均最低気温

	1	2	3	4	5	6
最高気温	9.2	9.9	13.2	19.2	23.5	26.6
最低気温	0.0	0.3	3.1	8.4	13.6	18.1
降雨量	56.9	69.9	126.9	137.3	194.2	217.3

※イベント等の開催月日は変更になる場合があるので各HPなどで事前にご確認ください。

❗ 熊野・南紀のイベント　❗ 伊勢のイベント　🍴 食

7 JULY	**8** AUGUST	**9** SEPTEMBER	**10** OCTOBER	**11** NOVEMBER	**12** DECEMBER

熊野古道三体月観月会(旧暦11月23日・田辺市・本宮)❗

❗ 萬燈会(10月1〜3日・高野山・奥の院)

❗ 田辺祭(7月24・25日・闘雞神社)

❗ 白浜花火大会
(7月30日・8月10日・白良浜)

❗ あげいん熊野詣
(10月第4日曜日・那智勝浦町)

❗ 那智の扇祭り(火祭)(7月14日・那智勝浦町)

❗ 海水浴場開き(7月上旬・白良浜)

御船まつり→

←あげいん熊野詣

❗ 二見浦海水浴場(7月上旬〜8月下旬)

❗ 伊勢まつり(10月第1土・日曜日)

❗ 神嘗祭(10月15日)

↓大注連縄張神事

❗ 天王祭
(7月14日後の日曜日・河崎町)

❗ 大注連縄張神事(9月5日・夫婦岩)

❗ 神宮観月会(仲秋の名月・外宮)

❗ 神宮奉納花火大会
(7月中旬の土曜日)

大注連
縄張神事(12月中旬の土・日曜日・夫婦岩)❗

伊勢エビ→

10月1日解禁、10〜4月

🍴 伊勢エビ

11〜2月　🍴 カキ

2〜3月、10〜11月　🍴 カツオ

11〜3月　🍴 ナマコ

潮岬の平均降雨量

	7	8	9	10	11	12
気温(黄)	28.2	29.7	27.4	23.0	18.6	14.0
(灰)	23.5	24.5	22.0	17.0	12.2	7.3
降雨量	290.6	233.2	304.8	243.8	160.2	84.7

300mm / 200 / 100 / 0

伊勢の平均降雨量

	7	8	9	10	11	12
気温(黄)	30.5	31.8	28.1	22.3	16.9	11.9
(灰)	22.2	23.0	19.6	13.0	6.9	1.9
降雨量	175.9	180.9	315.0	196.0	112.1	55.3

300mm / 200 / 100 / 0

お役立ち情報 熊野古道・南紀・伊勢

交通機関

■ JR西日本（伊勢、新宮、紀伊勝浦、串本、白浜、紀伊田辺へ）
☎ 0570-00-2486（JR西日本お客様センター）
https://www.jr-odekake.net/

■ 近畿日本鉄道（テレフォンセンター）
☎ 050-3536-3957
https://www.kintetsu.jp/cs/otoiawase.html

■ 南海電鉄（難波～橋本～高野山）
☎ 050-3090-2608（南海コールセンター）
https://www.nankai.co.jp/

■ 三重交通（バス・三重県内）
☎ 059-229-5533（乗合営業課）
https://www.sanco.co.jp/

■ 熊野御坊南海バス（バス・南紀、熊野）
☎ 0735-22-5101
https://kumanogobobus.nankai-nanki.jp/

■ 奈良交通（バス・十津川～本宮～新宮）
☎ 0742-20-3100
https://www.narakotsu.co.jp/

　紀伊田辺駅から熊野古道中辺路方面のバスは、スタートの滝尻からゴールの本宮大社間を龍神自動車と明光バスの2社が運行。

■ 龍神自動車（バス・紀伊田辺～滝尻～本宮）
☎ 0739-22-2100（8:30～17:30）
https://www.ryujinbus.com/

■ 明光バス（バス・紀伊田辺～滝尻～本宮）
☎ 0739-42-3378（白浜営業所）
https://meikobus.jp/

観光情報

■ 和歌山県公式観光サイト
☎ 073-422-4631（和歌山県観光連盟）
https://wakayama-kanko.or.jp/

■ アンテナショップわかやま紀州館
☎ 03-3216-8000
http://www.kishukan.com/

■ 観光三重
☎ 059-224-5904（三重県観光連盟）
https://www.kankomie.or.jp/

地方新聞のサイト

■ 紀伊民報AGARA（和歌山県のニュースサイト）
http://www.agara.co.jp/

■ 伊勢新聞（三重県の地方新聞）
http://www.isenp.co.jp/

年中軒先に飾られる"しめ縄"

　神のまします伊勢の町では、しめ縄は正月限定ではなく、季節を問わず家々に飾られている光景を目にすることができる。軒先から家を1年間守ったしめ縄は、毎年暮れに取り替えられるが、かつては家中に不幸があるまで縄を重ねていく風習もあった。正月以降もしめ縄を掲げる風習は、三重県南部など、伊勢の町以外でもしばしば見られる。

①門符：表には蘇民将来子孫家門との文言、裏には安全祈願の紋章「ドーマン」「セーマン」が書かれる。表の文言を「笑うかどに福来る」にかけ笑とするものもある。
②柊：厄除けのため。
③譲葉：新しい葉が出て古い葉が落ちることから子孫を絶やさぬ願いが込められている。
④四手：白い紙を切ったもので、神域を表す。
⑤裏白：偽りのない心を表したもの。
⑥橙：家が代々繁栄するようにとの願いが込められている。

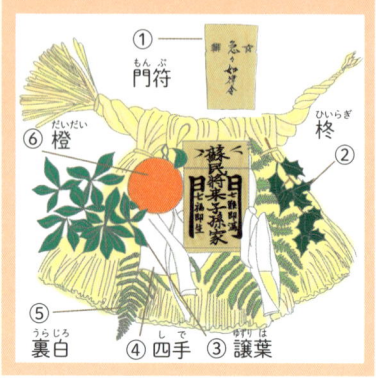

熊野
高野山

熊野古道をゆく

紀伊の山ふところに抱かれた聖地熊野。世界遺産であり、いにしえより大宮人が、あるいは幾多の庶民が、信仰の道行きを歩んだ熊野への道には、いくつもの流れがある。

↑石畳や木の根張る道もある熊野古道

高野～熊野を結ぶ険阻な難路
小辺路
こへち

↑石仏の立つ果無（はてなし）峠・標高1114m

　高野山から本宮へ、伯母子峠をはじめ、1000mを超える峠を3つも踏み渡ってのびるルート。もともとは生活道だったが、二大聖地の高野山と熊野を短時間に見て回れる道として、江戸時代には参詣の庶民で賑わっていたといわれる。

　現在も古道の雰囲気を濃厚にとどめているが、高野山から本宮まで70km、所要3泊4日。歩く人も宿も少なく、大峯奥駈道と並んで、熊野古道の中でも一番難しいルートだ。

熊野詣のゴールデンコース
中辺路
なかへち

　上皇や法皇の熊野御幸に利用された、熊野古道のメインルート。紀伊半島を海沿いに南下してきた紀伊路は、紀伊田辺で進路を東に転じ、立ちはだかる山々を越えてほぼ一直線に本宮を目指す。熊野の神域の入り口とされる滝尻王子から本宮まで約40km、1泊2日（または2泊3日）の行程だ。

　歌人の藤原定家、和泉式部、西行法師、奥州藤原氏の秀衡、あるいは安倍晴明など幾多の有名人が往来した中辺路は、今日でも一番の人気ルート。旅行者が多いだけに中辺路は、古道の中では歩きやすく整備されているルートではある。だからといって甘く見るのは禁物。急坂もあるし、石ころも多い。1～2時間の短い区間を歩くにしても、歩きやすい靴と杖、体力の見極めが必要だ。Googleのストリートビューで中辺路ルートが紹介されているので、出発前に見ておくと、実際に歩くルートのイメージがつかみやすいだろう。

↑割合歩きやすく整備されている中辺路

吉野と結ぶ険路
大峯奥駈道
おおみねおくがけみち

　吉野と熊野、世界遺産指定の霊場を結ぶ修験の道。山伏姿の修行者が駆け抜ける140kmの道は、古く厳しい信仰の姿を今に伝えている。吉野から熊野に行くことを逆峯、熊野から吉野に向かうことを順峯と呼ぶ奥駈修行は3月～9月の間に行なわれ、女性でも参加できる（一部別コース）。奥駈道に一般登山者が立ち入ることも可能（山上ヶ岳は女人禁制）

伊勢神宮

吉野山金峯山寺

高野山金剛峯寺

大峯山寺

ツヅラト峠コース

馬越峠コース

小辺路

大峯奥駈道

紀伊路

伊勢路

中辺路

滝尻

熊野市

熊野本宮大社

熊野速玉大社

紀伊田辺

新宮

富田坂

熊野那智大社

那智

大辺路

長井坂

↑熊野灘も一望できるツヅラト峠の見晴し台

中辺路が、京都や大坂、西国からの熊野詣の幹線だとすれば、伊勢路は東国から熊野へのメインルート。古道は史跡、景勝に彩られ、たくさんの物語も残る。

←山伏姿で奥駈修行に参加する人々

だが、山に慣れた人でなければ歩き通すのは難しいだろう。

東国からのメインルート

伊勢路
いせじ

　伊勢神宮から熊野を目指す道。木本（現熊野市）の南から直接本宮に向かう本宮道と、海沿いに新宮に向かうルートとがある。ツヅラト峠（p.124参照）、馬越峠（p.126参照）、横垣峠、風伝峠など、古道歩きを満喫できるコースが幾つも残る。

　中辺路や小辺路のように、泊まりがけで2日、3日と続けて歩くコースを取りづらい伊勢路だが、逆にいえば日帰りや、1日歩いて泊まり、翌日少し歩いて早めに家路につくことのできるコースが多いことが魅力だ。

今はほとんど国道に

大辺路
おおへち

　紀伊田辺で中辺路と分かれ、海沿いに那智、新宮を目指すルート。海沿いとはいえ決して楽な道ではなく、利用する参詣の人は多くなかったと伝えられる。今では古道の大半が国道となって舗装されるか、山中に埋もれており、発掘・再整備が最近になって盛んに行なわれるようになった。日置川を舟で渡る安居の渡しがある富田坂コースが人気。

↑波の浸食によってできた橋杭岩（串本）

中辺路を歩く

聖地熊野に至るいくつもの道筋のうち、中世から今日まで、もっとも多くの旅人を引き寄せてきたのが中辺路だ。

中辺路への交通

紀勢本線から中辺路へ

起点駅は、紀伊田辺、白浜（空港）、新宮の各駅。そこからバスに乗り換えて、それぞれ本宮、滝尻へ向かうことになる。（下記参照）

本宮温泉郷へのバス

本宮から湯の峰温泉、川湯温泉、渡瀬温泉へは新宮行きのバスに乗る。便数は比較的多く出ているものの、なかにはこれら温泉地を経由しない便もあるので事前に確認を。所要時間10〜20分。310円。

紀伊田辺、白浜から滝尻・本宮へ

	便数（1日）	所要時間	料金（片道）	問い合わせ先
紀伊田辺⟷滝尻	13便	36〜41分	970円	龍・明
紀伊田辺⟷本宮大社前	7便	1時間35分〜2時間15分	2100円	龍・明
白浜温泉・空港⟷本宮大社 ※三段壁発1便・空港発1便	2便	2時間22分 （空港〜本宮）	2550円 （空港〜本宮）	明

新宮からバスで本宮・十津川・湯の峰温泉へ

	便数（1日）	所要時間	料金（片道）	問い合わせ先
新宮駅⟷本宮大社前 ※川湯温泉・渡瀬温泉・湯の峰温泉を経由する便を含む（事前に要確認） ※川湯温泉、渡瀬温泉、湯の峰温泉も料金は同じ	14便	51分〜1時間21分	1560円	熊・奈・明
新宮駅⟷十津川温泉	3便	2時間8分〜2時間15分	2400円	奈（近鉄八木駅行き）
新宮駅⟷上野地 （谷瀬の吊り橋）	3便	3時間31分	3300円	奈（近鉄八木駅行き）
新宮駅⟷神丸	12便	34分	930円	熊・奈
神丸⟷小口	10便	12分	100円	熊

紀伊勝浦から那智・新宮へ

	便数（1日）	所要時間	料金（片道）	問い合わせ先
紀伊勝浦駅⟷那智山 （那智駅、大門坂、那智の滝前を経由）	17便	25分	630円	熊
紀伊勝浦駅⟷新宮駅	26便	39〜53分	630円	熊

【問い合わせ先】龍＝龍神自動車 ☎0739-22-2100、熊＝熊野御坊南海バス ☎0735-22-5101、奈＝奈良交通 ☎0742-20-3100　明＝明光バス ☎0739-42-3378

POINT

ハイライトスポットだけでも歩くなら

熊野三山の聖域の玄関口である滝尻王子から熊野本宮大社まで歩き通すことでの達成感に魅力を感じる人も多いが、本宮までの全区間を歩き通すと、途中の近露という集落で宿を取る1泊2日か、高原と近露で泊まる2泊3日のコースになる。パッケージツアーでは、古道歩きを一部分にとどめて、本宮・新宮・那智の熊野三山めぐりと温泉を組み合わせるものがほとんどだ。

個人で行く場合でも、体力に自信がなかったり、古道歩きが初めてであれば、古道の近くを走る路線バスや定期観光バス(熊野御坊南海バス♪0735-22-5101)を利用するのもいい。

バス停近くから歩き始められて人気の20分〜4時間のコース(5〜6本ある。右欄外参照)を1〜2本と、熊野三山をざっと観光するだけなら最短で1泊2日、余裕を見ても2泊3日あれば十分。

←語り部(p.29)と歩けば興味深い話も聞ける

↑滝尻王子から急坂を上る

ハイライト

・大門坂
距離:約600m
所要:約20分
・滝尻王子
〜高原熊野神社
距離:約3.7km
所要:約1時間35分
・道の駅熊野古道中辺路
〜近露王子
距離:約1.3km
所要:約25分
・小広王子
〜発心門王子
距離:約10.8km
所要:約3時間40分
・発心門王子
〜熊野本宮大社
距離:約6.9km
所要:約2時間
・伏拝王子
〜熊野本宮大社
距離:約3.3km
所要:約1時間

中辺路を歩く

中辺路+熊野三山 プランの一例(最低所要日数は1泊2日)

1日目	JR紀伊田辺、または南紀白浜空港からバスで熊野本宮方面へ。滝尻〜高原間を歩くなら♀滝尻下車。高原〜近露間を歩くなら♀古道ヶ丘下車。古道歩き後再びバスに乗り熊野本宮へ。熊野本宮泊。
2日目	熊野本宮から新宮にバスで向かい、熊野速玉大社参拝後、紀勢本線で紀伊勝浦駅へ。駅前からのバスで那智山に上がり、那智大社、青岸渡寺、那智の滝を見て大門坂を歩き、バスで紀伊勝浦へ。大阪方面18:04、名古屋方面17:11の特急で帰るか、紀伊勝浦泊。

古道の雰囲気を手軽に味わいたい人に便利

田辺市住民バス

(本宮行政局総務課♪0735-42-0070)
利用できるのは月曜と木曜の本宮大社前発の便のみ。帰路は徒歩で古道を歩く。
●月曜:本宮大社前(10:33、12:23)→伏拝(10:41、12:31)→発心門(10:47、12:37)¥200円
●木曜:本宮大社前(10:32、12:22)→伏拝(10:40、12:30)→三軒茶屋(11:00、12:50)¥200円

TEKU TEKU COLUMN

古道歩きの注意

・持ち物　雨具、水、杖、食料、虫よけスプレー、帽子、敷布、タオルなど。
・服装　長袖の服、長時間歩く場合は、底が厚く足首まで固定出来る靴がベスト。
・携帯電話　和歌山県世界遺産センターのホームページ内、「参詣道安心情報マップ」で、携帯電話がつながる場所を紹介している。
http://www.sekaiisan-wakayama.jp/

滝尻〜近露

(14kmの1日め。所要6時間。※ガイドはp.22〜)

腰を抜かす滝尻の急坂

ほとんどの観光客が古道歩きを始めるのが滝尻王子。この王子から熊野三山の神域に入るとされている。

王子の裏手から古道に入るが、最初の坂がとりわけ急だ。藤原定家が後鳥羽院のお供で熊野に詣った際「掌を立てるがごとし」と嘆き、地元の人が「滝尻から歩き始める人は腰を抜かす」と評する急坂だ。

←民家が遠望できるとほっとする

↓高原集落へのゆるやかな道

途中には乳岩、胎内めぐり、王子と史跡が続き、剣ノ山を越えるあたりから少し楽になるが、飯盛山に向かって再び登り勾配になる。展望所のある飯盛山を過ぎ、緩やかなアップダウンを繰り返して行くと、高原の里に至る。

高原の里には、高原神社や、果無山脈を一望に収められる休憩所があり、お昼をとるの

に好適。また宿泊施設の「霧の郷たかはら（p.24・25参照）」があるので、ここで1泊するのも可能。14時までなら、食事もできる。

高原から近露までは4時間

高原の集落を抜け、鬱蒼と木々の茂る高原池（江戸時代に藩によって作られたため殿池とも。この池のおかげで高原に水田が作られたという）、大門王子を過ぎてゆるゆると高度を上げて行くと、左側の視界がさっと開け、ほどなく十丈王子に至る。王子の先からは、また杉木立の中の古道だ。しばらく上ると小判地蔵があり、さらに上がるうちに、悪四郎山に至る。茶屋跡（大きく枝を拡げた木や石垣、人が植えなければ山に存在しない茶、竹、シュロ、茗荷が目印）、三体月鑑賞地、逢坂峠を過ぎると、道は下りになり高度を下げて大坂本王子に到着する。

牛馬童子の像が立つ箸折峠

大坂本王子から箸折峠への道にも上り坂があるが、ここまで来れば残りも僅か。途中、国道に出合う地点近くには道の駅もある。箸折峠からは、いくらも下らないうちに視界がひらけ、近露の里が目に飛び込んでくる。

TEKU TEKU COLUMN

お弁当を食べる場所

お弁当を食べる場所が意外に少ない。滝尻〜近露間では、11:00頃から歩くなら高原の休憩所へ。眺めも良く、飲物の自販機もある。また「霧の郷たかはら」では食事・喫茶もできる（p.24参照）。

近露〜本宮間では、湯川王子、三越峠、船玉神社、発心門王子のいずれかになるが、このうち休憩所を備えているのは三越峠と発心門王子の2カ所。発心門近くの休憩所はキレイで、その先の道中を考えるとおすすめだ。

近露〜本宮

（25km。所要9時間の道が待ちかまえる２日め。※ガイドはp.26〜）

スタートはできるだけ早朝に

　２日目（または３日目）、本宮までは25kmの長い道のりなので、歩き通すなら宿はできるだけ早く発ちたい。朝8時に出発しても、余程の健脚でもなければ、本宮着は17時頃。湯の峰、川湯経由、新宮方面のバスは17時35分、同経由で紀伊田辺方面へは16時40分（冬期は道の駅奥熊野始発）発がある。

→わずかな日差しが足元に届く

↓昔の面影をとどめるとがの木茶屋

山里を歩く最初の２時間

　近露から比曽原にかけては、野長瀬一族の墓などの史跡がある。比曽原に上がる道は、舗装道路ながらかなりの急坂。最後の急坂を上れば継桜王子まで、なだらかな道になる。

　継桜王子の手前では道が左右に分岐する。王子に直行するなら左の灯籠が並ぶ上り道だが、名水100選・野中の清水に立ち寄るなら右側。清水の近くに、王子への近道（ただしかなり急な土の坂）がある。そして小広王子へ。

本格的に古道の山道へ

　小広王子のある峠を越えると、道は土の道に入り、一気に下りだす。わらじ峠に向けてふたたび上りにかかって間もなく、路傍に熊瀬川王子が現れる。この辺りから、峠を越えた先の女坂、男坂にかけてが、中辺路でも屈指の難所になる。2021年３月現在、男坂〜岩神王子〜おぎん地蔵方面は整備中。迂回路から蛇形地蔵、音無川のせせらぎを傍らに進

めば、植林の中の湯川王子に到着する。

三越峠からはほとんど下り坂

　本宮への最後の「長丁場」の上りとなるのが三越峠。決して楽な上りではないが、滝尻の急坂を踏破した自信、これから先は楽になるとの思いを杖に上ろう。

　峠には休憩所、トイレがあり、林道が通る。峠からの下りでは300mほど高度を下げ、古道は林道に合流する。しばらく進むと船玉神社に至り、なおも進むと猪鼻王子に下る古道が右手に現われる。猪鼻王子を経て発心門王子に向かうと、たっくん坂の上りにかかる。上りきると鳥居、発心門王子がある。

ツアー客も多い発心門〜本宮

　発心門王子からはゆるゆる下る舗装道路。ときどき土の道にも入りながら、水呑王子を経て伏拝王子に至る。ここは和泉式部の古跡と伝えられ、供養塔も残る。

　伏拝から本宮まではふたたび土の道。時に上り坂もあるが、そう長く上ることはない。途中三軒茶屋跡（左から合流している道が小辺路）、祓戸王子を経て、本宮大社に到着する。

↑伏拝王子からの早朝の眺め

TEKU TEKU COLUMN

「王子」って何？

　熊野古道を歩いていて出合う「王子」とは、熊野三山の御子神を祭る祠。中世に最も盛んで、熊野九十九王子と称された。江戸時代にはすでにその多くが廃絶し、明治の神仏分離令で拍車が掛けられたが、近年復旧が始められている。

中辺路を歩く①
滝尻〜近露

熊野古道
THE KUMANO ANCIENT ROAD

滝尻から本宮への熊野古道。歩き通せば1泊2日の行程だが、きついながらも気持ちのいい古道を部分的に散歩したり、点在する見どころを見てまわるのも楽しい。バスを利用して部分的に古道歩きをするなら、滝尻〜高原（所要2時間）、高原〜近露（所要4時間）に分けて歩ける。どこまで歩くかは滝尻への到着時間によって決めよう。古道は細い山道なので、日が暮れる前に歩きたい。宿も予約しておく方が安心だ。

距離：14km　高低差：600m
所要時間：5時間30分〜6時間
難易度：滝尻からの上りがかなりの急坂。道標も整備されているので迷う心配はないが、しっかりした靴と杖は必要。滝尻〜高原間（4km、2時間）は比較的楽なコース。

POINT てくナビ／田辺、白浜からのバスは滝尻で下車。橋を渡った右側に熊野古道館、左には滝尻王子と、古道の杜 あんちゃんがある。トイレ、飲物の補給、杖の調達を済ませてから歩き始めよう。

熊野古道館 くまのこどうかん

地図p.22-A

熊野古道に関する資料やパネルを展示する観光案内所兼休憩所。熊野古道に関する資料展示のほか、洗面台、更衣室、コインロッカー、給水器、携帯の充電場所も。

📞 0739-64-1470　📍 中辺路町栗栖川1222-1
🕐 8:30〜17:15　💴 無料　🗓 12月29〜31日
🅿 約40台

古道の杜 あんちゃん こどうのもり あんちゃん

地図p.22-A

熊野古道の入り口「滝尻王子」に隣接して立地する民宿。土産店やカフェを併設するほか、鮎釣り教室も開催している。

📞 0739-64-0929　📍 中辺路町栗栖川1226-2
🕐 6:00〜18:00（10〜5月は7:00〜17:00）
🗓 無休　🅿 40台

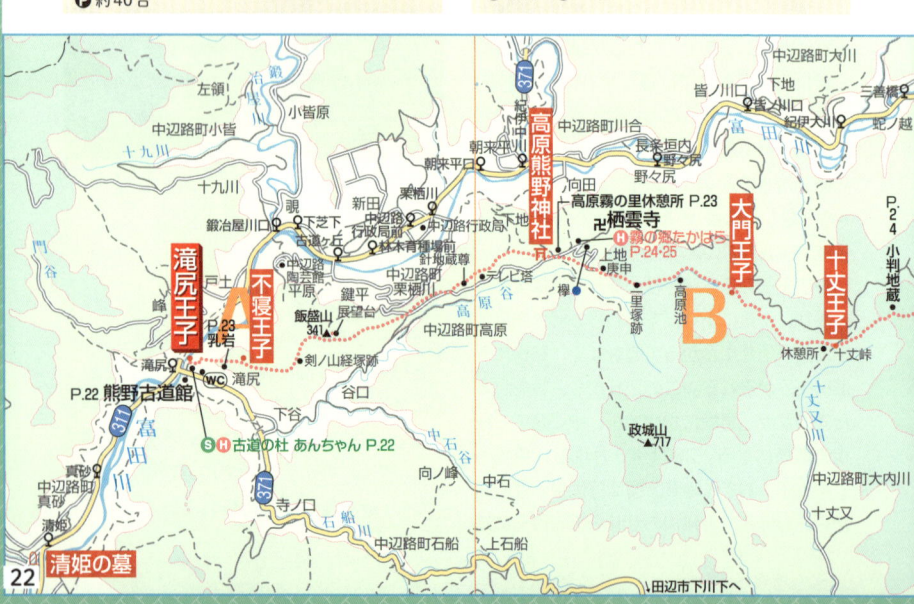

滝尻王子 たきじりおうじ

地図p.22-A

　中辺路の入口にあり、熊野九十九王子の中でも格式の高い、五体王子のひとつ。上皇や法皇の参詣の際には、ここでも歌会が行なわれた。滝尻の名は、王子の脇まで急峻な地形で瀬音が滝のように聞こえたことから付けられた。

高原霧の里休憩所 たかはらきりのさときゅうけいじょ

地図p.22-B

　高原神社の境内にも休憩所はあるが、少し先にある霧の里休憩所の方が、きれいで飲物なども買える。果無山脈を眺められ、滝尻〜近露間ではお弁当を食べるのにいちばん良いポイントだ。

乳岩 ちちいわ

地図p.22-A

　珍しい名前は、奥州藤原秀衡の熊野参詣に由来する。秀衡はこの岩屋に、生まれたばかりの子を置いて本宮に詣るのだが、戻って来てみると、岩から滴る清水が乳に転じて、赤子を養っていたと伝えられている。

HINT

「もう歩けない！」時には……。

　滝尻〜近露間でリタイヤできるのは高原集落だけ。かつては田辺市住民バスで（バス停マーク）栗栖川へ戻るという裏ワザもあったが、この路線は登録した住民が予約して乗車する形態に変わったので、旅行者の利用が不可能になった。高原集落に1泊することをおすすめする。(p.25)

高原熊野神社 たかはらくまのじんじゃ

地図p.22-B

　高原の里にあり、現存する古道沿いの神社の中では最古のもの。社殿は小さいながら春日造りの室町時代のもので、鮮やかな色彩が印象的。

霧の郷たかはら食事処 きりのさとたかはらしょくじどころ

地図p.22-B

　霧の郷たかはらは（p.25）、日帰り客も利用できるランチ営業を行っている。ランチのイタリアンのイチ押しは3種類のパスタから選べる「パスタセット」。

📞 0739-64-1900
📍 中辺路町高原826
🕐 11:00〜14:00（ランチ）
休 無休（冬期要問い合わせ）
🅿 20台

十丈王子 じゅうじょうおうじ

地図p.22-B

　重點王子とも。十丈王子公園があり、ベンチもある。細い山道を上って来て、この広い空間に出るとホッとする。江戸時代には4〜5軒の茶屋があり、戦後まで人が住んでいた。トイレあり。

小判地蔵 こばんじぞう

地図p.22-B

　十丈王子の先、左手に小さな地蔵が現われる。小判を一枚口にくわえて飢えと疲労のために行き倒れていた巡礼の男を哀れんで、里人が供養した小判地蔵だ。

三体月伝説 さんたいつきでんせつ

地図p.23-C

　中辺路で標高がもっとも高い悪四郎山。悪戯好きで大力無双の暴れ者、十丈悪四郎の屋敷があったと伝えられる山にはもうひとつ伝説がある。旧暦11月23日の晩にこの山から東方の空を拝むと、月が三つ現われるといわれる。今でも里の人はお月見に上るのだとか。このあたりから大坂本王子にかけて、寒地に生えるブナ、暖地のヒメシャラなど南北の植物が混生している様子が見られる。

大坂本王子 おおさかもとおうじ

地図p.23-C

　悪四郎山から逢坂峠を経て、急な下り坂を降りきった所に立つ王子。あたりには小さな沢が流れ、杉木立の中に石碑と案内板が立っている。

道の駅熊野古道中辺路 みちのえきくまのこどうなかへじ

地図p.23-C

　1日目のハイライト、牛馬童子のある箸折峠近くにある道の駅。食事やおみやげを整えられるほか、トイレもある。国道沿い、♀牛馬童子口前にあり、めはり寿司や地域特産品の販売も。

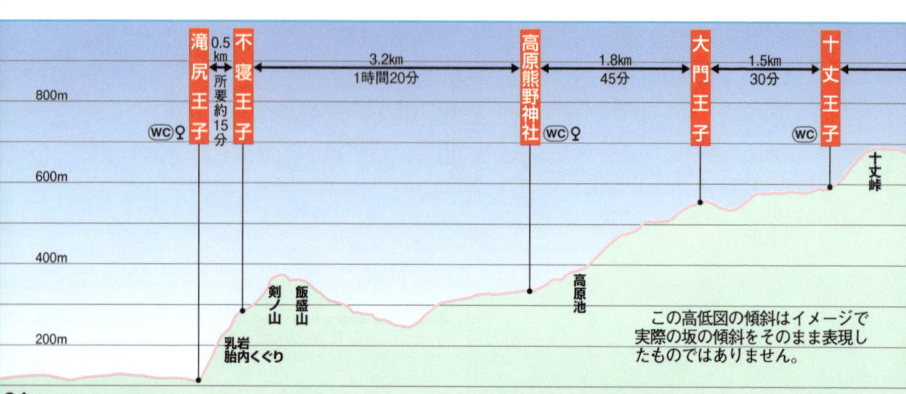

この高低図の傾斜はイメージで実際の坂の傾斜をそのまま表現したものではありません。

牛馬童子の像 ぎゅうばどうじのぞう

地図p.23-C

箸折峠に立つ小さな石像。花山法皇の姿といわれるが、実際は弁財天に仕える16童子のひとつ・牛馬童子で、水を司るのが役目。明治22年の大水害の後、水の恵を受け、災いを避けることを願って作られた。法皇は中辺路を通って、那智で3年のあいだ修行されたと伝えられる。

近露王子 ちかつゆおうじ

地図p.23-C

史書に度々登場する重要な王子だが、今は巨大な石碑が残るのみ。ただし、揮毫したのが大本教の出口王仁三郎。出口が揮毫した碑はあまり残っていないので、隠れた必見ポイントだ。また、近露は古来から宿泊場、参詣に備えて現世の不浄を払い落とす霊場でもあった。

アドバイス

あんまり歩きたくないけど少し古道の雰囲気を味わいたい人向きには、♀牛馬童子口までバスで来て、箸折峠〜近露、余裕があれば比曽原王子、継桜王子まで歩くのもいい。牛馬童子口から継桜王子までは約1時間30分、途中にバス停もあるので疲れたらバスに乗ることもできる。

宿泊ガイド

霧の郷たかはら	♪0739-64-1900／♀地図p.22-B／¥1万7000円〜（1泊2食付き）／💬果無山脈を見晴らす山腹に立地。風呂には渡瀬温泉の湯を使用。
熊野古道のお宿 まんまる	♪090-7368-1728／♀地図p.23-D／¥1万4000円（1泊2食付き）／💬日置川上流、清流のほとりの一軒宿。静かで美しい大自然が満喫できる。♀近露王子までの送迎あり。
民宿ちかつゆ	♪0739-65-0617／♀地図p.23-D／¥1万3600円〜（1泊2食付き）💬夕食の「鮎めし」が名物（要予約。3〜5月は品切れのことも）。温泉併設、お弁当600円（要予約）。

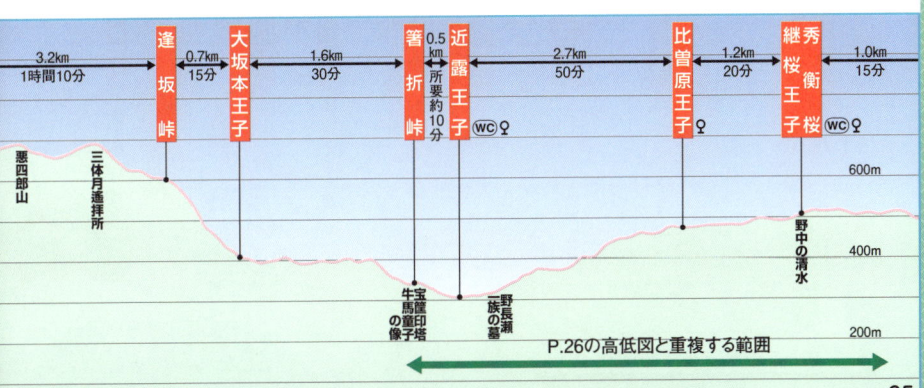

中辺路を歩く②
近露〜本宮

近露から本宮までは約25㎞。本宮寄りの発心門、または伏拝までバスで来て、2〜3時間のウォーキングを楽しむ人も多い。

距離：25km　高低差：600m
所要時間：8〜9時間
難易度：滝尻〜近露間同様、道標も整備され迷う心配は少ない。特に危険な場所もないが、距離が長いので、日ごろ歩き慣れていないと完歩するのは苦しいかもしれない。バス時刻は出発前に再度確認を。

POINT てくナビ／全部歩くと所要時間が8〜9時間にもなる2日目のコース。比曽原、または小広峠までの舗装道路はバス（龍神バス♪0739-22-2100）で行き、その先から古道歩きをスタートさせる手もある。
♀近露王子から本宮方面のバスは7時23分がある。次の便は9時7分なので、これ以降の便の利用は現実的ではない。

比曽原王子 ひそはらおうじ

地図p.28-A

江戸中期建立の石碑と案内板が残る比曽原王子の付近は、水道が敷設されるまでは水不足に悩まされた地区。隣の野中には名水が湧くことにひき比べ、水不足を嘆く小唄が伝わっている。

継桜王子 つぎざくらおうじ

地図p.28-A

日本の名水100選に選ばれた「野中の清水」が湧き、熊野に向かって枝をのばす老杉「野中の一方杉」がそびえる継桜王子。奥州藤原氏の秀衡ゆかりの古跡のひとつで、近くには「秀衡桜」がある。昔は断桜王子の前にあったが、水害で流された。

老杉を背に継桜王子の鳥居

野中の清水

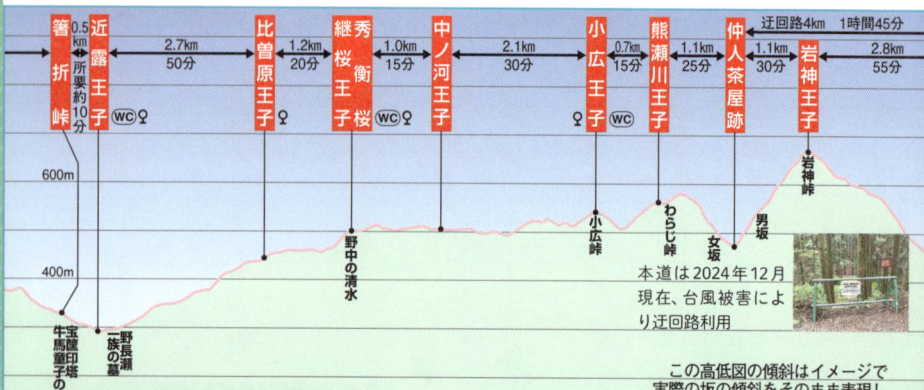

本道は2024年12月現在、台風被害により迂回路利用

この高低図の傾斜はイメージで実際の坂の傾斜をそのまま表現したものではありません。

P.25の高低図と重複する範囲

わらじ峠 わらじとうげ

地図p.28-B

　薄暗い山道はかって蛭降り峠とも呼ばれ、頭上を覆う巨樹の枝先から蛭が落ちてくる、怖ろしい山道だったとか。わらじ峠から栃の川に向かって降りる坂を女坂、向かいの岩神峠に上る坂を男坂、間にあった茶屋を仲人茶屋と呼んでいた。

岩神王子 いわがみおうじ

地図p.28-B

　男坂の急坂を、峠に向かって上りきる少し手前にある。藤原宗忠卿の日記『中右記』に、この王子で盲目の巡礼に施しをしたとある。（迂回路が設置され付近は通行できない）

おぎん地蔵 おぎんじぞう

地図p.29-C

　湯川谷のほとりの一角にある小さな祠。熊野に住む許婚のもとに向かう途中、山賊に殺された京の芸妓おぎんを祀る地蔵。（2024年12月現在、迂回路利用。）

蛇形地蔵 じゃがたじぞう

地図p.29-C

　商売繁盛、道中安全に霊験あらたかと、今も遠方からの参詣者が途絶えないお地蔵様。廃村の山中にひっそりとある。ぜんそく封じとしても有名。

湯川王子 ゆかわおうじ

地図p.29-C

　源平の戦いでは、平家方の有力な豪族であった湯川氏の本拠地跡に立つ。岩神峠の麓に有り、参詣の途上、宿泊や休憩をすることが多かった。

三越峠 みこしとうげ

地図p.29-C

　湯川王子から急な坂を上ると三越峠。傍らを舗装された林道が通る峠には、休憩所とトイレがあるが、展望はきかない。ひと休みしよう。

船玉神社 ふなたまじんじゃ

地図p.29-C

　社伝によると、川に落ちたクモが、流れてきた落ち葉に乗って命拾いしたのを見て、神さまが船を造ることを思いつかれたのだとか。

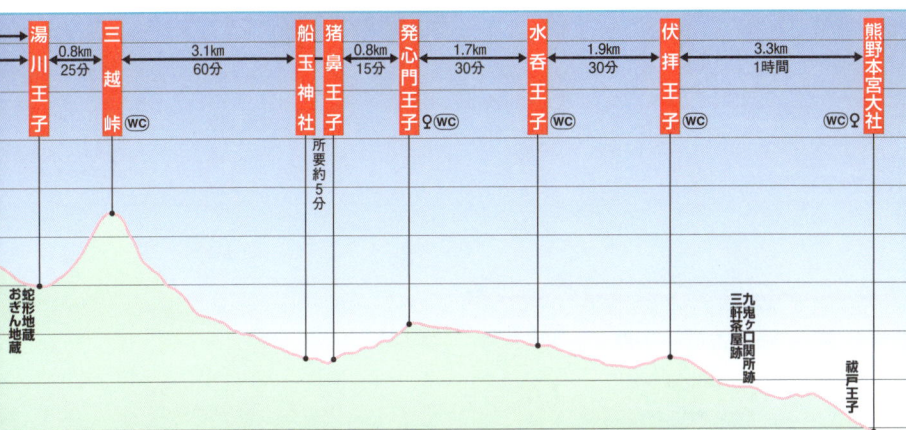

猪鼻王子 いのはなおうじ

地図p.29-C

脇道を右へ少し下ったところにある。この地の地形が猪の鼻に似ていることからつけられた名前だという。昭和30年代まで、ここにも水田があった。

発心門王子 ほっしんもんおうじ

地図p.29-C

五体王子のひとつとして格別の崇敬を受け、これより先が本宮の神域とされた。現在残る社殿は、絵巻を参考に近年復元されたもの。

語り部ガイドと歩くこともできる
「語り部と歩く熊野古道」（毎週日曜日朝いち語り部）￥1000円＋バス代460円
（問い合わせ：熊野本宮語り部の会 ☎0735-42-0735）

！ HINT

「もう歩けない！」時には……。

発心門王子前から古道は舗装道路になり、龍神バスが1日2～4便走る。本宮大社前経由田辺行き、7時48分（冬期運休）、12時30分、14時48分、16時23分（冬期運休）。電話でタクシー（熊野第一交通本宮営業所☎0735-42-0051。請川営業所☎0735-42-0226）も呼べる（本宮にいるタクシーは少ない）。近くに休憩所もあるので、ここでならリタイヤもできる。

水呑王子 みずのみおうじ

地図p.29-D

廃校になった小学校の敷地に石碑が立つ。このあたり、古道は土の道になったり、舗装道路に出たりを繰り返す。2体の地蔵がかわいらしい。

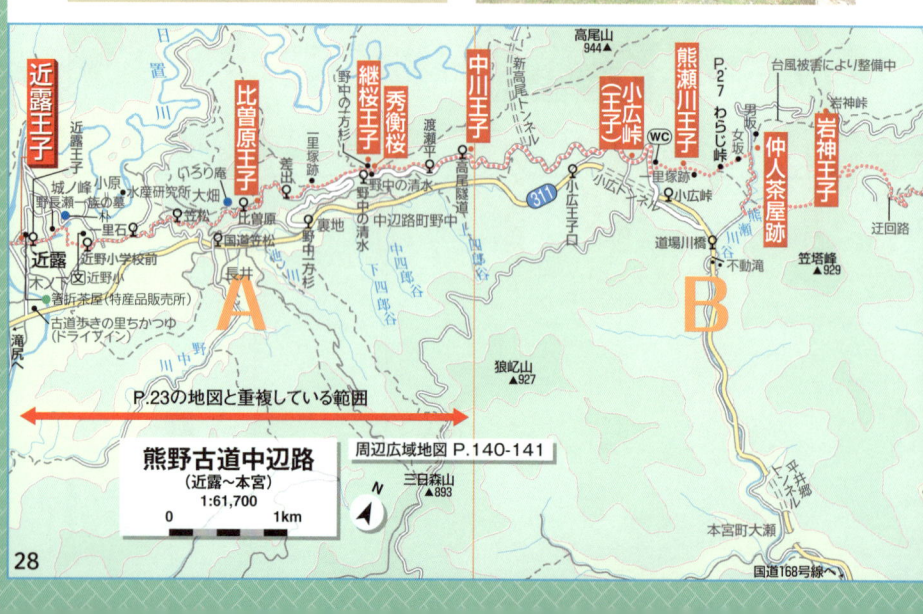

P.23の地図と重複している範囲

熊野古道中辺路
（近露～本宮）
1:61,700
0　　　1km

周辺広域地図 P.140-141

式水茶屋 しきみずちゃや

地図p.29-D

　地元の人が開設している無料の休憩所。ログハウス風の建物では特産物の無人販売も。

伏拝茶屋（本宮町無料休憩所）
ふしおがみちゃや（ほんぐうちょうむりょうきゅうけいじょ）

地図p.29-D

　伏拝王子のすぐそば。冬期以外の土・日曜、祝日、観光客が多い日に開いている。軽食も販売。湯の峰温泉の温泉水で入れたコーヒーがおいしい。

伏拝王子 ふしおがみおうじ

地図p.29-D

　本宮の大斎原が遠望できたことから、伏拝の名がある。熊野詣に来た和泉式部の詠んだ和歌が伝えられる。

三軒茶屋跡（九鬼ヶ口関所跡）
さんけんちゃやあと　くきがくちせきしょあと

地図p.29-D

　関所の雰囲気が漂う木の門が立つ九鬼には、「左きみい寺、右こうや」と刻んだ石碑が。高野山に至る小辺路が合流する。

祓戸王子 はらいどおうじ

地図p.29-D

　本宮大社のすぐ裏手にある。こんな近くに王子社があるのは、本来の大社が熊野川の中州・大斎原にあったため。いわば王子の隣に大社が引っ越してきたのだ。名前は、参詣人がここで禊をし、お祓いをして身を清めたことに由来する。

アドバイス

　山歩きに慣れていない人にはガイドがおすすめ。1名から申し込める「語り部」の料金は、コースの長さによって変わるが滝尻王子～高原間の2時間30分1～2名で8000円～。人気は滝尻～高原、高原～近露、発心門～本宮コースなど。コースの詳細や料金は https://www.kumano-travel.com/ja/tours-activities/kumano-hongu-kataribe-guide-group で確認して申し込みができる。

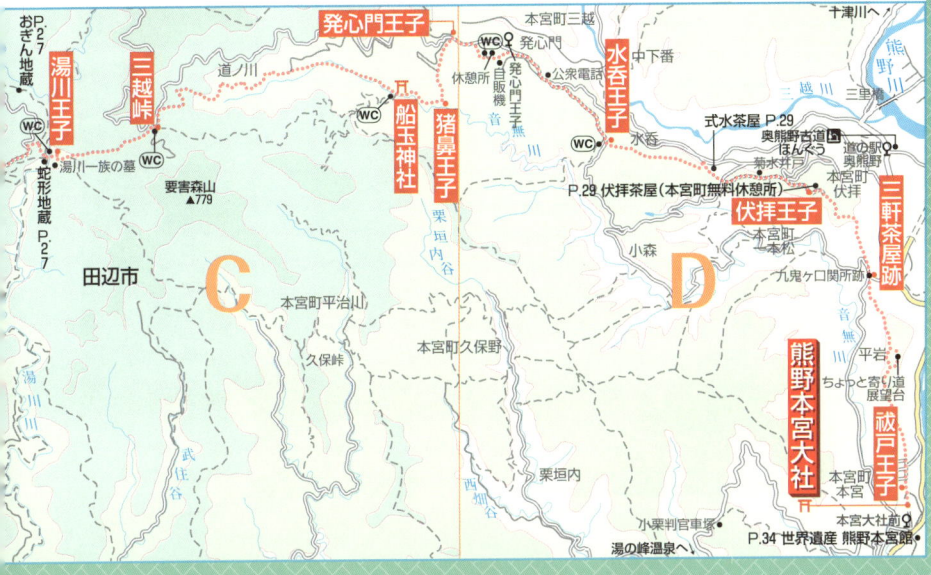

熊野三山早めぐり

熊野三山（熊野本宮大社^{くまのほんぐうたいしゃ}・熊野速玉大社^{くまのはやたまたいしゃ}・熊野那智大社^{くまのなちたいしゃ}）と、それらを結ぶ熊野古道を歩くには、便数の少ない交通や長い移動距離への対処がポイントだ。

1日目
熊野古道と那智の滝へ

和歌山県南部の熊野までは、関東からでも関西からでも移動に時間がかかるので、現地到着後に熊野めぐりを始めるのは午後になる。

1日目にまず訪れたいのが大門坂。熊野古道らしい深山の雰囲気が際立っていて、いちばんの人気ポイントだ。そこから熊野那智大社、落差日本一の名瀑・那智の滝とまわり、宿は紀伊勝浦へ。忘帰洞など名湯で知られる南紀勝浦温泉に泊まろう。

熊野那智大社の大門坂は熊野古道きっての人気コース

→2011年の台風被害を逃れた熊野那智大社の社殿。瑞垣（みずがき）越しに見ることができる

! HINT まわる順のヒント

1日目の宿は南紀勝浦温泉にとるのが基本。翌日は紀伊勝浦駅から南海御坊バスに乗り、新宮駅または新宮高校前で乗り換えて熊野本宮大社を目指す。

また熊野本宮大社周辺まで行って宿をとれば、2日目は朝から古道を歩けるので余裕が出る。この場合は♀本宮大社前到着が18時を過ぎるので、そこから宿への送迎や、タクシーを事前に確認しておこう。

熊野古道中辺路の伏拝王子から大斎原（おおゆのはら）の眺め。早朝なら朝霧が立つことも

↑社殿が横に並ぶ本宮大社

本宮温泉郷からバスで約1時間、新宮市街の♀権現前で下車。社殿のほかにも、国宝級の収蔵品を持つ神宝館、平重盛手植えのナギの木など見どころが多い。また、奇祭お燈まつりで有名な神倉神社、天然記念物の浮島の森など、市街には見どころが多いので、散策には時間をとっておきたい。

2日目
熊野古道中辺路を歩いて本宮大社へ

　山中にのびる道が、昔の雰囲気を色濃く残していて人気が高い熊野古道中辺路。1泊2日かけて滝尻から歩くロングコース(p.20参照)もいいが、ここでは途中の発心門王子から本宮大社まで7kmほどの、ゆるやかに下る道を歩こう。

　南紀勝浦温泉に泊まった翌日は、バスとタクシーを乗り継いで発心門王子に昼頃の到着。本宮大社まではのんびり歩いて3時間ほどで、コースの中間地点の伏拝王子からは、かつて本宮大社が建っていた大斎原を遠望できる。
（おおゆのはら）

　前日に本宮周辺に泊まれれば早朝から歩くこともできるので、運がよければ朝霧にけむる絶景に出合えるかも。

!HINT
まわる順のヒント

　2日目の宿は湯の峰、川湯、渡瀬などからなる本宮温泉郷(p.45〜)へ。♀本宮大社前からのバスで10〜20分。

↑冬はワラ帽子を被った石仏

3日目
熊野速玉大社から神倉神社へ

　熊野三山のもうひとつの社・熊野速玉大社へは、宿泊した

↑神倉神社は社殿横の巨石と鎌倉時代の石段に注目

!HINT
まわる順のヒント

　速玉大社の境内は平坦で、さほど広くもないのでさっと拝観するなら所要20分ほど。神倉神社は山の上にあるので、神社入口から社殿まで20分ほどきつい石段を上る。

↑比較的歩きやすい発心門王子から熊野本宮大社までの道のり

熊野速玉大社は三山の中でもいちばん明るい雰囲気

本　宮

エリアの魅力

歩く楽しみ
★★
温泉
★★★★★
味・みやげ
もうで餅、熊野牛

必見スポット：
熊野本宮大社　p.33
大斎原　p.33

標準散策時間：2時間
（熊野本宮大社～大斎原）

日本一の大鳥居が見守る「祈りの道」の終着点

　世界遺産に指定された熊野古道は、平安時代から千年の歴史を持つ信仰の道。末法の世に、上皇や法皇は三千六百峰かなたの熊野の神仏に救済を求めた。その熊野詣はやがて庶民の間にも広まった。

問い合わせ先

熊野本宮観光協会
☎0735-42-0735
田辺市住民バス（本宮行政局総務課）
☎0735-42-0070
熊野御坊南海バス
☎0735-22-5101
龍神自動車
☎0739-22-2100
明光バス白浜営業所
☎0739-42-3378

本宮への行き方

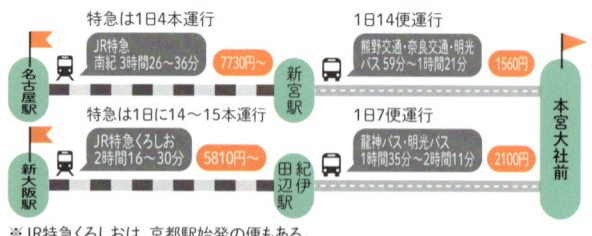

特急は1日4本運行	1日14便運行
名古屋駅 → JR特急 南紀 3時間26〜36分　7730円〜 → 新宮駅	新宮駅 → 熊野交通・奈良交通・明光バス 59分〜1時間21分　1560円 → 本宮大社前
特急は1日に14〜15本運行	1日7便運行
新大阪駅 → JR特急くろしお 2時間16〜30分　5810円〜 → 紀伊田辺駅	紀伊田辺駅 → 龍神バス・明光バス 1時間35分〜2時間11分　2100円 → 本宮大社前

※JR特急くろしおは、京都駅始発の便もある。

タクシー情報

熊野第一交通
　本宮営業所
　☎0735-42-0051
　請川営業所
　☎0735-42-0226
※本宮から近くの温泉へ
　p.45参照

はじめの一歩の進め方

　紀伊田辺か新宮からバスで入る。世界遺産熊野本宮館（地図p.35）に熊野本宮観光協会と和歌山県世界遺産センターがある。

本宮から発心門・伏拝王子への行き方

　熊野本宮大社前から発心門王子まで毎日、龍神バスが7便運行。

熊野本宮館（p.34参照）の外観

また伏拝王子（月・木曜）、発心門王子（月曜のみ）には田辺市住民バス（一律200円）も運行している。

　タクシーは、発心門王子まで約3200円、伏拝王子まで約2500円ぐらいが目安。台数が少ないので場合によっては待たされることもある。

見る＆歩く

熊野本宮大社
くまのほんぐうたいしゃ

地図 p.35-B
♀ 本宮大社前から 🚶 1分

　神社縁起などによると、崇神天皇の時代（前97〜前29）に社殿が建てられたと記されている。社地はもともと大斎原にあったが、1889（明治22）年に大洪水の被害に遭ったため、現在の地に社殿が移された。社殿は第4殿まであり、第3殿に主祭神の家津御子大神（素戔嗚尊）を祀っている。

📞 0735-42-0009　📍 田辺市本宮町本宮1110
🕐 6:00〜19:00（社務所8:00〜17:00）。宝物殿は10:00〜16:00
💴 宝物殿300円　🅿 60台　＊境内自由

大斎原
おおゆのはら

地図 p.35-B
♀ 本宮大社前から 🚶 5分

　熊野本宮大社は、以前はこの地にあった。高さ約34m、幅約42mもある鳥居は、2000年に建てられた日本最大のもの。

🅿 近隣にあり（60台）
＊ 見学自由

POINT

てくナビ／♀ 本宮大社前、新宮に向かって左手の横の道を入る。道は大きく右に曲がり、建物が途切れると田んぼの先に巨大な鳥居が見える。

本宮

時代行列や平安装束に見とれる
熊野本宮の祭り

熊野本宮大社例大祭 4月13〜15日

　一年の豊穣を願う本宮大社最大の祭。13日は湯登神事、14日は船玉大祭、15日の御渡祭では本宮からご神体を宿した神輿行列が大斎原に向かう。

八咫の火祭り 8月最終土曜日

　時代行列の古式ゆかしい「祀り」、太鼓、踊り、花火の祭りまで行う。応募をすると平安衣装や山伏姿になって参加で

きる（要問合せ 📞0735-42-0751）。

献湯祭 10月初旬

　自然の恵みに感謝し、熊野本宮温泉の発展と安泰を願う。本殿前の大きな樽に初湯を注ぐ。

熊野本宮大社例大祭

世界遺産 熊野本宮館
せかいいさんくまのほんぐうかん

地図 p.35-B
♀ 本宮大社前から🚶すぐ

世界遺産と地元本宮の情報発信のための施設。エントランスからは大斎原の大鳥居が見える。地元の紀州杉の木材を270本も使用した建物で、木の温もりが感じられる。南棟と北棟に分かれており、南棟では世界遺産に関する「紀伊山地の霊場と参詣道」をテーマに展示している。

☎ 0735-42-0751
📍 田辺市本宮町本宮 100-1
🕘 9:00〜17:00　休 無休　¥ 無料　P 60台

食べる & 買う

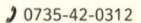

熊野本宮大社門前／喫茶・食事処

茶房珍重菴 本宮店
さぼう ちんちょうあん ほんぐうてん

地図 p.35-B
♀ 本宮大社前から🚶1分

熊野三山でしか買えない名物、もうで餅が食べられる。地元産の餅米を使い毎朝作るつきたてで、こし餡を包み玄米の粉をまぶしている。抹茶付きで450円。

☎ 0735-42-1648
📍 田辺市本宮町195-3
🕘 9:00〜16:00
休 無休（2・6・7・9・12月は水曜、祝日の場合は翌日休）
¥ もうで餅9個入り1200円
P 近隣にあり（無料）

熊野本宮大社前／喫茶・食事処

お食事しもじ本宮店
おしょくじしもじほんぐうてん

地図 p.35-B
♀ 本宮大社前から🚶2分

昭和初期創業、自家製麺のうどん店。蔵をイメージした外観が目印。古道うどんは、山菜と梅干がさっぱりしたツユの味わいを醸し出している。ごはん、小鉢、香の物が付くごはんセットもある。また、紀州岩清水豚を使用したかつ定食（熟成ロースかつ定食1770円など）もおすすめ。熊野本宮名物のうすかわまんじゅうの老舗でもあり、おみやげとしても販売している。こし餡のうすかわまんじゅうで10個入り1300円。

☎ 0735-42-0312
📍 田辺市本宮町本宮 285
🕘 9:00〜15:00（平日）、
　　 16:00（土日祝）
休 水曜
¥ 古道うどん1100円（写真）
P 20台

熊野本宮大社前／喫茶・食事処

B&B Café ほんぐう
びーあんどびー かふぇ ほんぐう

地図 p.35-B
♀ 本宮大社前から🚶すぐ

本宮大社前にあるカフェレストラン。自慢はフランスから入荷するデトックスハーブティー。病気前の不快な症状を和らげるとあって、スカッとした味わい。古道を歩いてきた人におすすめの疲労回復や、安眠や消化促進など症状により7種類用意。ボリュームある食事や、ケーキ目当てに訪れる人も多い。B&Bという店名からもわかるように宿泊施設を備えるほか、アウトドア体験や熊野古道のトレッキングガイドツアーを催行している。

♪ 0735-42-1130
📍 田辺市本宮町本宮127-2
🕐 11:30〜19:30
㊡ 不定
¥ トレッキング1DAY1名2万5000円、2名1万5000円
Ⓟ 3台

設するカフェ。店内には手作りの温もりあるガラスや陶器が並んでいる。窓からは、大斎原の大鳥居が眺められる。注文ごとにサイフォンで淹れるコーヒー450円〜。自家製のケーキセットは850円〜。コーヒーの器を気に入り、ショップで購入する人も多い。また、このほかに熊野牛ミンチ100％使用の熊野牛ドライカレー900円のメニューもあり、昼食におすすめ。

♪ 0735-42-0147
📍 田辺市本宮町本宮294
🕐 9:00〜17:00
㊡ 不定休
¥ ケーキセット850円〜（写真）
Ⓟ 6台

熊野本宮大社前／喫茶・食事処

茶房 靖
さぼう せい

地図 p.35-B
📍 本宮大社前から 🚶 3分

ギャラリーとショップを併

新　宮

エリアの魅力

歩く楽しみ
★★★
温泉
なし
味・みやげ
めはり寿司、サンマ
寿司、地酒

必見スポット：
熊野速玉大社　p.37
神倉神社　p.38

標準散策時間：3時間
（熊野速玉大社〜神
倉神社）

問い合わせ先

新宮市観光協会
☎0735-22-2840
熊野御坊南海バス
☎0735-22-5101

レンタサイクル

新宮市観光協会
☎0735-22-2840
普通車7台、クロスバイ
ク3台、電動アシスト自
転車2台、E-bike6台
🕘9:00〜17:00
💰普通車3時間まで500
円、1日1000円／クロスバ
イク3時間まで1000円、1
日1500円／電動アシスト
自転車3時間まで1500
円、1日2000円／E-bike
3時間まで1500円、1日
3000円

港町新宮は東京や大阪への熊野の窓口

　新宮は、古くから東京、大阪との間に航路が開かれた、熊野の窓口ともいうべき町。熊野三山のひとつ熊野速玉大社に詣る人も多い。

HINT　新宮への行き方

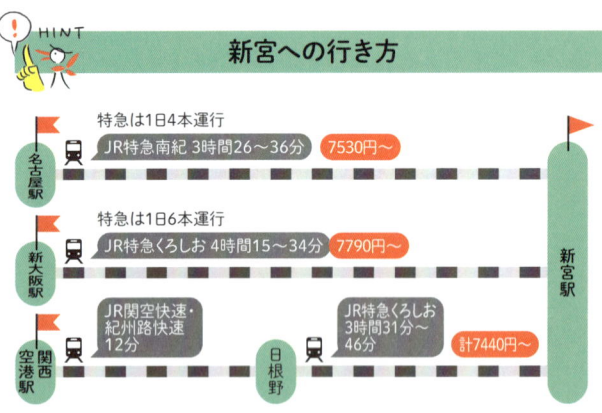

特急は1日4本運行
🚃JR特急南紀 3時間26〜36分　7530円〜

特急は1日6本運行
🚃JR特急くろしお 4時間15〜34分　7790円〜

🚃JR関空快速・紀州路快速 12分

🚃JR特急くろしお 3時間31分〜46分　計7440円〜

名古屋駅
新大阪駅
関西空港駅
日根野
新宮駅

HINT　はじめの一歩の進め方＆まわる順のヒント

　JR新宮駅の駅舎を出たすぐ先に新宮市観光協会がある。バス乗り場は熊野御坊南海バス（駅舎正面）、奈良交通（駅舎前方左手）とで別になっている。歩いて回る場合は、熊野御坊南海バスで🚏速玉大社前へ行き（200円）、そこから熊野速玉大社、神倉神社へと歩く。

丹鶴城の石垣

見る&歩く

熊野速玉大社
くまのはやたまたいしゃ

地図p.37-A
新宮駅から本宮または勝浦方面行き🚌で🚏速玉大社下車🚶1分

　主神として、熊野速玉大神（伊佐奈岐命）と熊野夫須美大神（伊邪那美命）を祀る。天皇・上皇・大名などから奉納された美術品などが神宝館で保存・展示されている。

☎ 0735-22-2533　📍 新宮市新宮1
🕐 6:00頃～18:00頃（冬期は～17:00頃）、神宝館は9:00～16:00
🈳 無休　💴 神宝館500円　🅿 20台　＊境内自由

POINT
てくナビ／新宮駅からゆっくり歩いて（約30分）熊野速玉大社へ。その後は、近くのバス停から熊野本宮へ向かっても。

浮島の森
うきしまのもり

地図p.37-B
新宮駅から🚶7分

　新宮の町の中央にあり、沼地に浮かぶ泥炭層の島には北方系から亜熱帯系までの植物が生息する。枯死した植物が泥状になって水に浮かび、その上に植物が生息している不思議な構造。非常に珍しいことから、昭和2年に国の天然記念物に指定された。「おいの」という美しい娘が大蛇にのみこまれたという伝説がある。

☎ 0735-21-0474（浮島の森事務所）
📍 新宮市浮島
🕐 9:00～17:00（3～11月）、9:00～16:00（12～2月）
🈳 無休　💴 110円　🅿 5台

P.38 川原家横丁　P.37　P.39　P.38　P.38 すゞ成　P.38 総本家めはりや本店 P.38　P.39 珍重菴 P.39　P.39 珍重菴丹鶴店 P.39　P.39 東宝茶屋 P.39　P.39 徐福寿司 駅前店　周辺広域地図 P.140-141　裁判所前　神倉神社 P.38

丹鶴城跡

景色が素晴らしい丹鶴城跡に立ち寄ってみても

鳩ぽっぽを作詞した東くめさんは新宮出身

ここへの行き方
→p.36参照

赤い鳥居をくぐると約450の石段

新宮
1:11,000
0　　　200m

川原家横丁
かわらやよこちょう

地図 p.37-A
熊野速玉大社から🚶1分

江戸時代から昭和初期にかけ、熊野川河川敷に300戸近く軒を連ねた簡易店舗「川原家」の町並みを再現したもので、建物は往時の造りをほぼ忠実に復元してある。現在は地元の名産品店、たこ焼き屋、雑貨店など3軒営業している。

📞 0735-23-3333（新宮市商工観光課）　📍 新宮市船町1-2-1　🕐 10:00～16:00　休 定休日は店により異なる　🅿 速玉大社の🅿利用

神倉神社
かみくらじんじゃ

地図 p.37-A
新宮駅から登り口まで🚶15分

神倉山の頂上にあるゴトビキ（方言で蛙の意味）岩を御神体とし、古代から神聖視されてきた霊山。源頼朝寄進の538段の急な石段を上った中腹には神倉神社があり、天照大神と農業・漁業の守護神とされる高倉下命を祀っている。2月6日のお燈まつりは、松明を持った参加者が急な石段を駆け下りて来るという壮観な火祭り。

📞 0735-22-2533（熊野速玉大社）　📍 新宮市神倉1-13-8　🅿 6台　＊拝観自由

🐸 食べる＆買う

熊野速玉大社周辺／日本料理

すゞ成
すずなり

地図 p.37-A
熊野速玉大社から🚶3分

地元熊野灘の定置網で揚った鮮魚や、熊野の山々で採れた山菜など、季節ごとの旬の素材を使った料理を用意。会席料理のほかに、一品料理もマグロやカツオのお造りか

ら、じゃが芋まんじゅう、イベリコ豚ステーキなど多彩なメニューが、和洋折衷で提供され、どれも好評。

📞 0735-21-2258　📍 新宮市薬師町2-1　🕐 17:00～22:00　休 月曜　🅿 9台

熊野速玉大社周辺／めはり寿司

総本家めはりや本店
そうほんけめはりやほんてん

地図 p.37-A
新宮駅から🚶10分

めはり寿司は、地元で採れ

た高菜を塩漬けにし、醤油ベースの特製のタレをつけて温かいご飯を包む。めはり定食は、めはり寿司にとろろ、めざし、豚汁が付く。串カツ膳やおでん膳も人気。

📞 0735-21-1238　📍 新宮市薬師町5-6　🕐 11:00～22:00（21:00LO）　休 水曜　💴 めはり定食1500円（写真）　🅿 5台

熊野速玉大社周辺／和菓子

香梅堂
こうばいどう

地図 p.37-A
熊野速玉大社から🚶7分

明治元年創業の和菓子店。熊野速玉大社の鈴をかたどったカステラの鈴焼が評判。小

麦粉、上白糖、和三盆糖、バター、天然香料など材料には徹底的にこだわり、上品な甘さと香りを作り出している。

- 📞 0735-22-3132
- 📍 新宮市大橋通3-3-4
- 🕐 9:00〜21:00
  （日曜は9:00〜17:30）
- 休 火曜
- 💴 鈴焼8粒入（6袋）1200円
- Ⓟ 8台

熊野速玉大社周辺／和菓子

御生菓子司 本舗 珍重菴
おんなまがしつかさ ほんぽ ちんちょうあん

地図 p.37-A、B
熊野速玉大社から 🚶 5分

熊野三山以外の店では買うことができない、もうで餅の店。新宮店では求肥を練ってキビ粉をまぶした「お鴉さま」、香りも香ばしい「あんのし」、「吉祥果」、カステラ生地をホイルで焼いた「補陀洛（ふだらく）」なども売っている。

- 📞 0735-22-3129
- 📍 新宮市大橋通り2丁目
- 🕐 9:00〜17:00頃
- 休 水曜
- Ⓟ なし

熊野速玉大社周辺／なれ鮓

本なれ鮓本舗 東宝茶屋
ほんなれずしほんぽ とうほうぢゃや

地図 p.37-A
熊野速玉大社から 🚶 12分

味わってみたい郷土食が「なれずし」。サンマのワタを取って、桶の中でご飯、サンマ、ご飯と重ねて1ヵ月ぐらい漬けたもので、乳酸菌の働きを利用した保存食。サンマなれ鮓はそれほど酸味は強くなく食べやすい。30年間漬けた珍味本馴れ鮓は、もはやサンマの姿形もとどめず酸味も強いが、酒の肴に絶品。

- 📞 0735-22-2843
- 📍 新宮市横町2-2-12
- 🕐 11:30〜14:00
  17:00〜22:00
- 休 不定
- Ⓟ 4台

熊野速玉大社周辺／地酒

太平洋・熊野三山醸造元尾崎酒造
たいへいよう・くまのさんざんじょうぞうもとおざきしゅぞう

地図 p.37-A
熊野速玉大社から 🚶 12分

熊野の飲食店に入ると、多くの店で置いてある地酒が尾碕酒造の太平洋。尾崎酒造は熊野地方で唯一の蔵元で、昔ながらの手造りの醸造を守り続けている。汲み上げる水は熊野川の伏流水。弱軟水系の水で、すっきりとした飲み口。

- 📞 0735-22-2105
- 📍 新宮市船町3-2-3
- 🕐 8:00〜17:00
- 休 日曜、祝日
- 💴 熊野三山（720㎖）2310円
  （写真左）
- Ⓟ 5台

新宮駅周辺／サンマ寿司

徐福寿司 駅前店
じょふくずしえきまえてん

地図 p.37-B
新宮駅から 🚶 1分

昭和25年の創業。当時は徐福公園内にあったため、この店名。おすすめのサンマ寿司は、背開きにし塩をしたサンマを甘酢で締めて作るが、塩の加減と甘酢のバランスが絶妙でサンマの旨味をいっそう引き立てている。昆布寿司850円も地元の名物。

- 📞 0735-23-1313
- 📍 新宮市徐福2-1-9
- 🕐 10:00〜17:00
- 休 木曜
- 💴 サンマ寿司1050円
- Ⓟ 1台

新宮

那　智

エリアの魅力

歩く楽しみ
★★★★
温泉（紀伊勝浦）
★★
味・みやげ
もうで餅・那智黒

必見スポット：
熊野那智大社　p.41
那智山青岸渡寺
p.44
飛瀧神社　p.44

標準散策時間：2時間
（飛瀧神社（那智の
滝）～熊野那智大社）

熊野古道のハイライト・大門坂がのびる山

　熊野古道の中でも人気が高い大門坂は、那智山への参道。杉木立の中の石畳が美しいが、延々上りの坂道だ。那智のもうひとつの見どころで、熊野那智大社や青岸渡寺の信仰の原点となったのが、高さ133m、幅13mの那智の滝。日本一の落差を誇る巨瀑だ。

問い合わせ先

那智勝浦町観光案内所
♪0735-52-5311
※平安衣装の貸出は2時間まで3000円、2～3時間4500円。要予約（大門坂茶屋♪0735-55-0244）。9:00～16:00（最終受付15:00）。無休。

HINT　那智大社への行き方

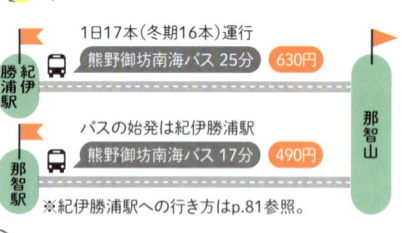

1日17本（冬期16本）運行
勝浦駅　熊野御坊南海バス 25分　630円

バスの始発は紀伊勝浦駅
那智駅　熊野御坊南海バス 17分　490円

※紀伊勝浦駅への行き方はp.81参照。

HINT　はじめの一歩の進め方＆まわる順のヒント

　最寄り駅は那智駅だが、宿泊施設が多く、特急列車も停まる紀伊勝浦駅が便利。熊野那智大社へ向かうバス便も、紀伊勝浦駅が始発。
　♀那智山で下車し、表参道の石段を上り熊野那智大社、青岸渡寺、飛瀧神社と訪ねる。

那智周辺図
1:113,500
0　　　　2km
周辺広域地図 P.140-141

見る&歩く

大門坂 ※p.42も参照
だいもんざか

地図p.41-A、B
紀伊勝浦駅から🚌21分、♀大門坂下車🚶1分、大門坂入口

　熊野古道の中でも、もっとも当時の面影を美しく留め、日本の道百選に選ばれている。入口付近に聳える樹齢800年の夫婦杉から、上りきるまで延々趣ある石段が続く。石段の数267段、約600mの距離だ。熊野九十九王子最後の多富気王子跡がある。

🅿 近隣にあり ＊ 散策自由

熊野那智大社
くまのなちたいしゃ

地図p.41-A
紀伊勝浦駅から🚌28分、♀那智山下車🚶15分

　主神として熊野夫須美大神（伊弉冉尊）を祭る。古くは那智の滝を神と崇めたことから起こった社だが、317（仁徳天皇5）年に

大門坂。坂の両側に杉の巨木が続く

現在の地に社殿を造り、国造りに縁の深い神々を祭ることとなった。古代からの「権現造」の社殿が森の緑に映え、熊野三山のひとつとして多くの人々の信仰を集めている。毎年7月14日に行なわれる大祭は「那智の扇祭り」として有名。また宝物殿には那智経塚からの出土品や那智山参詣宮曼荼羅、熊野権現曼荼羅などを収蔵展示。

📞 0735-55-0321　📍 那智勝浦町那智山1
🕐 6:00頃～16:30頃、宝物殿は8:30～15:30
🈵 無休　💴 宝物殿300円　🅿 30台（800円）
＊ 境内自由

那智

大門坂

だいもんざか

古人が神が宿ると信じて崇めた那智の滝を目指して、苔むした石の道を一段一段上る。

モデルコース

- 大門坂 〉 1分
- 大門坂入口 〉 10分
- 多富気王子 〉 20分
- 那智山 15分
- 那智山 〈 10分
- 那智の滝前 〈 5分
- 飛瀧神社 那智の滝 〈 20分
- 熊野那智大社 那智山 青岸渡寺

大門坂入口に立てば正面に山並、すぐ左手には田んぼや畑が見え、その中に民家が点在している。のどかな景色の中を歩いて鳥居をくぐり、小さな振ヶ瀬橋を渡ると俗界から聖域へと入る。その先、すぐ左手にあるのは大門坂茶屋。道は杉木立の中へと続くが、その入口にある一際大きな杉が高さ55mの「夫婦杉」だ。

夫婦杉から先は、約600mにわたって続く上りの石畳の道。途中、熊野九十九王子最後の王子社、多富気王子や樹齢800年の楠の大樹などを見て歩く。道の脇にある一町から六町まで続く町石（p.53参照）が、歩いた距離の目印。

坂道を上り切ると広場のような空間に出てほっとするが、ここから先、道は熊野那智大社の表参道へと通じ、ふたたび急な石段を上る。熊野那智大社、青岸渡寺、三重ノ塔と拝観し、那智の滝へ。

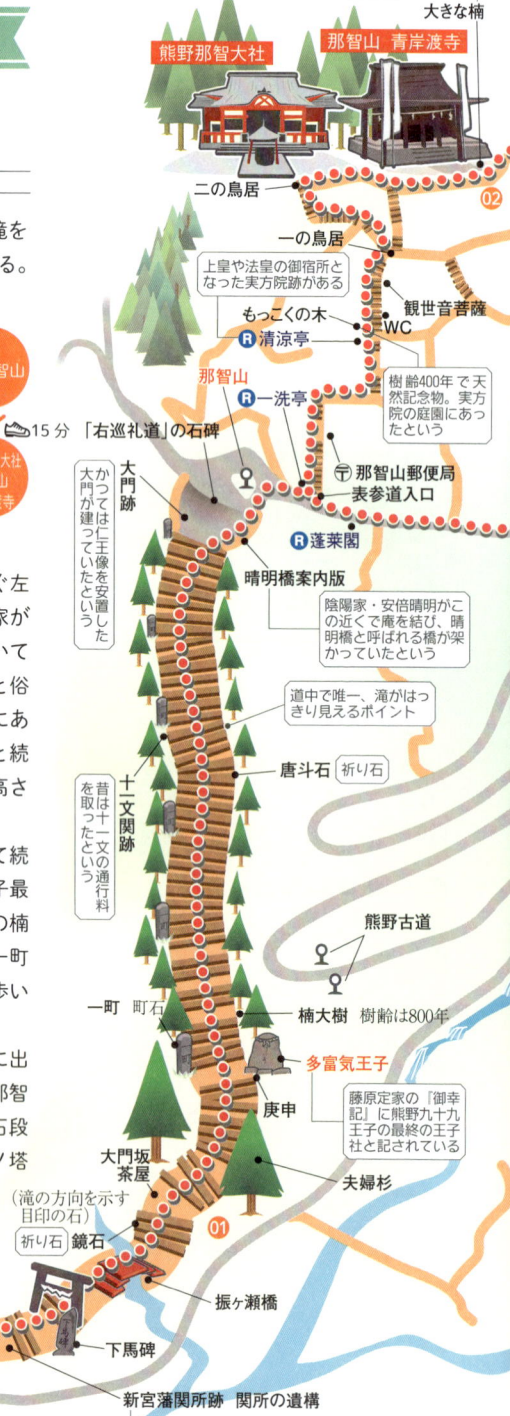

平重盛が1127（大治2）年に参拝して手植えしたと伝わる。根元の周囲は14m

大きな楠

熊野那智大社

那智山 青岸渡寺

二の鳥居

一の鳥居

上皇や法皇の御宿所となった実方院跡がある

もっこくの木

清涼亭

那智山

一洗亭

「右巡礼道」の石碑

観世音菩薩 WC

樹齢400年で天然記念物。実方院の庭園にあったという

那智山郵便局 表参道入口

大門跡

かつては仁王像を安置した大門が建っていたという

蓬莱閣

晴明橋案内図

陰陽家・安倍晴明がこの近くで庵を結び、晴明橋と呼ばれる橋が架かっていたという

道中で唯一、滝がはっきり見えるポイント

唐斗石　祈り石

昔は十一文の通行料を取ったという

十一文関跡

熊野古道

一町　町石

楠大樹　樹齢は800年

多富気王子

藤原定家の『御幸記』に熊野九十九王子の最終の王子社と記されている

庚申

大門坂茶屋

（滝の方向を示す目印の石）

祈り石　鏡石

夫婦杉

南方熊楠が3年間滞在したという

大阪屋旅館跡

START

振ヶ瀬橋

下馬碑

大門坂 WC

大門坂入口

新宮藩関所跡　関所の遺構

石造りの流し台などが残る

那智山阿彌陀堂

WC

03

R見晴亭

お滝道の案内版

お滝道

那智の滝前

鎌倉時代の石段が約100m続く

←表参道入口
↓滝が見えるポイント

←お滝道

03 撮影ポイント

三重ノ塔が滝よりも大きく写り、塔の美しさが際立つ。

N

お滝拝所舞台（300円）

GOAL

04

休憩所

飛瀧神社　那智の滝

延命長寿の水・延命盃が飲める（100円）

お志しでお茶が飲める

大門坂

04 撮影ポイント

滝の迫力を撮るならお滝拝所舞台で。見上げるように滝の上部まで入れて写したい。

02 撮影ポイント

三重ノ塔と滝を背景に撮影。塔と滝の高さがほぼ同じ位置で撮れる。

01 撮影ポイント

夫婦杉を背景に撮影。午後は逆光になるが、古道の中よりは日ざしがあり撮影しやすい。

💡 HINT

●勝浦駅からバスに乗るなら「那智エリア世界遺産フリー乗車券」1200円がおトクだ。勝浦駅から乗車して、♀那智駅～♀那智山で乗り降り自由の乗車券。♀紀伊勝浦駅～♀那智山間が乗り降り自由になる。

●大門坂バス停、もしくは大門坂駐車場バス停から歩き始める場合、大門坂入口に近いのは、大門坂バス停。トイレを済ませておくなら、大門坂駐車場バス停から歩き始めるのがいい。大門坂駐車場バス停には自由に使えるツエが置いてある。

●脚力に自信のない人は、♀熊野古道から大門坂の途中へ入れる。

●帰りは♀那智の滝前からバスに乗ってもいいが、人出の多い日なら、始発の♀那智山から乗った方が座れる可能性が高い。「那智エリア世界遺産フリー乗車券」を持っていれば、那智山～大門坂駐車場間は乗り降り自由になる。

那智山 青岸渡寺
なちさん せいがんとじ

地図 p.41-A
紀伊勝浦駅から🚌30分、🚏那智山下車🚶15分

創建は、仏教
伝来以前にさか
のぼる 313〜
399（仁徳天皇
の時代）年。イン

ドから漂着した裸形上人が、那智の滝で修
行中、滝壺で八寸ノ観音像を感得して、庵を
造ってこの像を安置したのが始まり。

📞 0735-55-0001 　📍那智勝浦町那智山8
🕐 7:00〜16:30、三重ノ塔は 8:30〜16:00
❌無休 　💴三重ノ塔300円 　🅿150台（800円）
＊境内自由

POINT てくナビ／那智の滝を背景に立つ三重
ノ塔ビューポイントは、那智山 青岸渡寺
から徒歩5分。

飛瀧神社（那智の滝）
ひろうじんじゃ（なちのたき）

地図 p.41-A
紀伊勝浦駅から🚌27分、🚏那智の滝前下車🚶5分

那智の海岸に上陸した神武天皇が、山に光
が輝くのを見てこの滝を発見したと伝えら
れる。天皇は滝を神として祭り、霊鳥八咫烏
の導きにより無事大和へ入ったといわれる。
　熊野那智大社の根源であり、「別宮飛瀧大
神」、神仏習合信仰の対象としては「飛瀧権

現」と呼ばれるように
なった。単体の滝とし
ては日本一の落差
133mの大瀑布で、滝
壺へと下りる鎌倉積の
石段は7月の火祭の舞
台となる。

📞 0735-55-0321（那智大社）
📍那智勝浦町那智山
🕐 7:00〜17:00（お滝拝所舞台入場〜16:30）
❌無休 　💴お滝拝所舞台300円
🅿個人の駐車場あり（有料） ＊境内自由

補陀洛山寺
ふだらくさんじ

地図 p.40
紀伊勝浦駅から🚌10分、🚏那智駅下車🚶3分、
または JR那智駅から🚶3分

平安時代から江
戸時代にかけて行
なわれた「補陀洛
渡海」の出発地だ
った寺。「補陀洛渡

海」は、外から出入口を釘付けした船に渡海
僧が乗り込み、沖に流して、南海にあるとい
う観音の浄土（補陀洛浄土）に往生しようと
したもので、この寺の住職達が20数回にわ
たって那智の浜から船出した。

📞 0735-52-2523 　📍那智勝浦町浜の宮348
🕐 8:30〜16:00頃 　❌無休 　🅿30台
＊境内自由

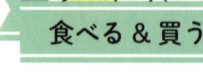

食べる＆買う

那智大社参道／喫茶・軽食

清涼亭
せいりょうてい

地図 p.41-A
🚏那智山下車🚶4分

中世行幸啓の宿泊所跡・実

方院の庭にあるお休み処。那
智の滝が見える席もある。参

道の長く続く階段の途中にあ
り、疲れた体を休めるのにう
ってつけ。うどん、そばなどの
軽食に加えて、自家製のチー
ズケーキやあんみつなどもあ
る。

📞 0735-55-0321
（熊野那智大社）
🕐 9:00〜16:00
❌無休
🅿なし

本物の温泉を味わう

熊野路のいで湯

熊野本宮大社を中心とする一帯には、特色ある温泉地が点在している。古くから旅人を癒してきた湯に浸かり、旅の風情にひたってみよう。

湯の峰温泉　ゆのみねおんせん　地図p.141-C

地図p.141-C

つぼ湯は世界初の温泉の世界遺産

日本最古、1800年前に開かれたといわれる温泉場。ひなびた湯の町の雰囲気は、熊野詣の湯垢離場だったころの面影を残している。

つぼ湯

地図p.35-A
♀ 湯の峰温泉下車 🚶 1分

　小栗判官が甦生したと伝えられる、天然の岩風呂。1日に7度色を変えるといわれる湯は硫黄を含み、体を芯から温めてくれる。小さな小屋の中の温泉は情緒たっぷり。

♪ 0735-42-0074　（湯の峰公衆浴場）🕕 6:00〜21:00
¥ 800円。1回に1組まで、30分以内の貸切順番制
㊡ 不定休
Ⓟ 30台

アクセス

本宮大社←→湯の峰温泉・川湯温泉・渡瀬温泉
・バス（龍神バス・熊野御坊南海バス・奈良交通バス・明光バス）は1日10便。所要時間10〜20分。片道310円。
　湯の峰温泉・川湯温泉を経由しない便もある。
・湯の峰温泉までは本宮大社から徒歩約1時間。国道311号線と大日越の熊野古道がある。
・タクシー約10分、約2700円。本宮タクシー♪0735-42-0051、請川タクシー♪0735-42-0226。
新宮駅←→湯の峰温泉・川湯温泉・渡瀬温泉
・バス（熊野御坊南海バス・奈良交通バス・明光バス）は、1日7便、所要時間約1時間10分（湯の峰温泉）。片道1570円。
　川湯温泉・湯の峰温泉を経由しない便もあるので、あらかじめ発車時刻を確認しておいた方がいい。
※問い合わせ先：
龍神自動車♪0739-22-2100、
熊野御坊南海バス♪0735-22-5101、
奈良交通♪0742-20-3100
明光バス♪0739-22-3378

落ち着いた風情の伝統の宿

旅館あづまや

地図p.35-A

♀湯の峰温泉下車🚶1分

　江戸後期、漢方医をしていた先祖が湯治客を泊めるようになったのが始まり。和風の建物と客室や、素足にやさしい槇の木を敷きつめたお風呂は、忙しい毎日を忘れてホッとくつろげる。水を使うところに温泉を利用した料理も楽しみ。内湯は天井が高く、湯気がこもらず快適。

♪ 0735-42-0012
♀ 田辺市本宮町湯の峰122
¥ 1泊2食付き1万9800円
　～3万6300円
ℹ 開業江戸時代後期
　和室22室
　含硫黄ナトリウム-炭酸水
　素塩泉
Ⓟ 30台

↑美熊野牛や温泉料理が食卓を彩る

温泉の最奥にあり温泉街を見渡す

よしのや旅館

地図p.35-A

♀湯の峰温泉下車🚶2分

　日本最古ともいわれる湯の峰温泉を内湯・露天風呂とも源泉掛け流しで楽しめる。地元素材の料理や温泉利用のお粥が味わえる。客室からの眺めが良好。

♪ 0735-42-0101
♀ 田辺市本宮町湯の峰359
¥ 1泊2食付き1万780円～
　（GW・盆・年末年始は特別
　料金）
ℹ 開業平成11年／9室／含
　硫黄ナトリウム-炭酸水素
　塩泉
Ⓟ 6台

関西随一の泉質に寛ぐ

湯の峯荘

地図p.35-A

♀湯の峰下車🚶3分

　1800年前から高温で湧き出ているという七色に変わる温泉を掛け流しで楽しめる。夕食は美熊野牛や地元勝浦漁港のマグロ、地魚などが美味。

♪ 0735-42-1111
♀ 田辺市本宮町下湯川437
¥ 平日1泊2食付き1万8850
　円～（休日前は2200円up、
　GW・正月は問い合わせ）
ℹ 開業平成14年／26室／
　含硫黄ナトリウム-炭酸水
　素塩泉
Ⓟ 25台

ゆったり流れる大塔川の川原を掘ると湯が湧き出す、珍しい温泉。毎年12月〜2月末には川をせき止めた広大な露天風呂「仙人風呂」ができ、誰でも無料で入ることができる。※入浴できる時間は要確認。

→川原は混浴。専用の浴衣か水着で。
増水等により利用できない日もある

変わらぬやすらぎを新しいセンスで

冨士屋 ふじや

地図p.35-A
ふじや前下車🚶1分

　川湯温泉は、この冨士屋の先祖が発見した温泉。建物は新しくなったが、素朴なもてなしの気持ちは昔のまま。「仙人風呂」はこの宿の正面にできる。浴衣を借りて出かけよう。

📞 0735-42-0007
📍 田辺市本宮町川湯1452
💰 1泊2食付き1万8700円〜（休日前は3000円up、盆・正月・GWは特別料金）
ℹ️ 開業江戸時代／和室28室、洋3室／ナトリウム炭酸水素塩‐塩化物泉
🅿️ 30台

木のぬくもりが伝わる宿

ペンションあしたの森

地図p.35-A
ふじや前下車🚶1分

　ログハウスのような建物は自前の木材を使って建てたもの。米や漬物、茶などは自家製で食事のメインは熊野牛のステーキ。温泉は源泉掛け流しで、貸切りで利用できる。

📞 0735-42-1525
📍 田辺市本宮町川湯1440-2
💰 1泊2食付き1万円〜、朝食付き8000円〜
ℹ️ 開業昭和60年／6室／ナトリウム炭酸水素塩‐塩化物泉
🅿️ 8台

渡瀬温泉 わたぜおんせん

自家源泉の効能は
美人の湯として名高い

四村川の清流に沿って湧き出す湯量豊富な温泉。スケールの大きな施設だ。

西日本最大級の露天風呂で温泉三昧

わたらせ温泉 ホテルささゆり

地図p.35-A
♀渡瀬温泉下車🚶5分

海山の幸を味わい、驚くほど広い露天風呂で汗を流したあとは、シックなインテリアの部屋でのんびり過ごそう。

📞 0735-42-1185　📍田辺市本宮町渡瀬45-1
💴 1泊2食付き2万3510円〜
　（盆・正月・GWは3万円〜）
ℹ️ 開業平成3年／和洋室24室、洋室6室（姉妹館「やまゆり」「ひめゆり」の2館もあり）／重曹泉　🅿️200台

元禄年間に発見された
源泉は70℃の良質温泉

十津川温泉 とつかわおんせん

アクセス

本宮←→十津川温泉
・バス（奈良交通バス）は1日3便、十津川村営バスも2便ある。所要時間37〜44分。片道860円。

新宮駅←→十津川温泉
直通バス（奈良交通バス）は1日3便。所要時間約1時間58分〜約2時間15分。片道2400円。本数が少なく、時間が不規則なので、あらかじめ発車時刻を確認しておいた方がいい。
※問い合わせ先：奈良交通📞0742-20-3100

温泉プールもある保養施設

ホテル昴 ほてるすばる

地図p.141-C
♀ホテル昴下車すぐ

露天風呂の他、打たせ湯など7種類の風呂がある「星の湯」を併設している。

📞 0746-64-1111　📍吉野郡十津川村平谷909-4
💴 1泊2食付き2万900円〜
ℹ️ 開業平成元年／和室24室、洋室2室、特別室1室／ナトリウム炭酸水素塩泉・塩化物泉
🅿️ 180台

日本一広い村、十津川村の南部、二津野ダム湖のほとりにある温泉地。全施設「源泉掛け流し」を宣言。

すべての部屋から湖面が一望

湖泉閣 吉乃屋 こせんかく よしのや

地図p.141-C
♀十津川温泉下車🚶4分

露天風呂はもちろん、内湯からも湖が見渡せ、爽快感は格別。十津川ならではの、山と川の幸を活かした料理も好評。

📞 0746-64-0012
📍吉野郡十津川村平谷432
💴 1泊2食付き1万7600円〜（休前日は3000円up、盆・正月・GWは特別料金）
ℹ️ 開業大正13年／和室13室／ナトリウム炭酸水素塩泉
🅿️ 13台

龍神温泉 りゅうじんおんせん

渓谷沿いの
秘湯ムード漂う温泉場
地図p.140-B

約1200年前に役行者（えんのぎょうじゃ）が発見、弘法大師が薬湯として広めたという歴史ある温泉。日本三美人の湯のひとつとして知られる。

アクセス

紀伊田辺駅←→龍神温泉
・バス（龍神バス）は乗継便も含め1日3便。所要時間約1時間15～30分。片道1700円。
高野山←→龍神温泉（「高野山・熊野」聖地巡礼バス）
・バス（高野山←→護摩壇山は南海りんかんバス／護摩壇山←→龍神温泉は龍神バス。護摩壇山で乗り換え）は1日1便。4月1日～11月30日運行。期間中火・水曜運休。要予約。所要時間約2時間～2時間40分。片道3200円。
どちらのルートも本数が少ないので、あらかじめ発車時刻を確認しておいた方がいい。
※問い合わせ先：龍神自動車♪0739-22-2100・南海りんかんバス♪0736-56-2250

日本三美人の湯を堪能

旅館さかい

地図p.140-B
♀龍神温泉前下車🚶5分

日高川の対岸に位置し、部屋は和室・洋室・離れがあって、窓を開けると川のせせらぎや森の自然がまぶしい。湯船では肌がつるつるになる美人の湯が楽しめ、貸切も可能。和洋会席や温泉しゃぶしゃぶ、オーナーいち押しの会席など地元の滋味がふんだんに盛られた夕食も楽しみのひとつ。

♪0739-79-0577
♀田辺市龍神村龍神23
¥1泊2食付き1万9800円～（GW・盆・年末年始は特別料金）
ℹ開業平成14年10室／ナトリウム-炭酸水素塩泉
Ｐ10台

紀州藩主の別荘だった

上御殿 かみごてん

地図p.140-B
♀龍神温泉前下車🚶1分

紀州徳川家の祖、徳川頼宣が別荘として建て、龍神家に管理をまかせたのが始まり。代々の藩主が泊まった「御成の間」が残る。

♪0739-79-0005　♀田辺市龍神村龍神42
¥1泊2食付き1万5270円～（盆・正月は1万8510円～）
ℹ開業明暦3（1657）年／和室11室／ナトリウム炭酸水素塩泉　Ｐ10台

個人客中心、温もりのある温泉宿

有軒屋旅館 ありのきやりょかん

地図p.140-B
♀龍神温泉前下車🚶1分

江戸時代創業の老舗宿。昭和17年改装の木造2階建ての宿は木の温もりが心地よく、新館客室や露天風呂からは日高川の四季を望むことができる。内湯こうやまき風呂は源泉掛け流し。契約農家が採った山菜や手作り料理が美味しい。

♪0739-79-0013
♀田辺市龍神村龍神39
¥1泊2食付き1万2800円～
ℹ開業寛永16年14室／炭酸水素ナトリウム塩泉
Ｐ7台

熊野路のいで湯

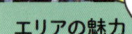

きいたなべ　地図 **p.138-I**

紀伊田辺

「熊野詣」とともに発展した歴史ある町

田辺は、熊野古道中辺路ルートの起点となる滝尻や、最終目的地である熊野本宮大社、さらに湯の峰・渡瀬・川湯・龍神などの温泉郷へのバス路線の発着地となっていることから、世界遺産観光の出発点として新たな賑わいを見せている。また、武蔵坊弁慶の生まれ故郷ともいわれており、弁慶にちなむ史跡も多い。

HINT

紀伊田辺への行き方

	特急は1日5本運行
新宮駅	JR特急くろしお 2時間1〜9分　4370円〜

	特急は1日14本運行
新大阪駅	JR特急くろしお 2時間16〜30分　5810円〜

		特急は1日10本〜運行
関西空港駅	JR関空快速 約10分	日根野駅　JR特急くろしお 1時間32〜41分　計4920円〜

紀伊田辺駅

■名古屋駅から新宮駅への行き方はp.36参照。
※JR特急くろしおは、京都駅始発の便もある。

HINT

はじめの一歩の進め方＆まわる順のヒント

JR紀伊田辺駅の駅舎を出ると、すぐ右手に田辺市観光センターがある。田辺の観光情報の他、熊野古道関係のパンフレットも揃っているので、立ち寄って情報を入手しよう。たな梅本店の前の通りは、蒲鉾店が多いことから、かまぼこ通りと呼ばれている。

HINT

田辺から滝尻へ

熊野古道中辺路ルートの出発点となる滝尻王子へは、JR紀伊田辺駅前からバス（龍神バス、明光バス）で♀滝尻下車。紀伊田辺〜滝尻間は約40分、片道970円。バスは本数が少なく、1時間に0〜2本しかないので、案内所か龍神バスのホームページで時刻表を確認しておいたほうがいい。特に、古道を歩いた後、田辺へ戻る場合は、本宮大社や近露王子発の最終バスが16:40と17:45、発心門王子からだと4月1日〜11月30日が16:23、12月1日〜3月31日は14:48なので、出発時刻の調整をしよう。

エリアの魅力

歩く楽しみ
★★

温泉
★

味・みやげ
なんば焼（かまぼこ）

必見スポット：
闘雞神社　p.51

標準散策時間：1時間
（紀伊田辺駅〜闘雞神社）

問い合わせ先

田辺観光協会
☎0739-26-9929
田辺市観光センター
☎0739-34-5599
龍神自動車
☎0739-22-2100
明光バス
☎0739-42-3378

レンタサイクル

田辺市観光センター
☎0739-34-5599
💰1日500円（別途預かり金500円、返却時に返金）
🕐9:00〜17:00
田辺市街なかポケットパーク（闘鶏神社参道沿い）
☎0739-33-9030
💰1日500円（別途預かり金500円、返却時に返金）
🕐9:00〜16:00

タクシー情報

明光タクシー田辺営業所
☎0739-22-2300

タクシー料金の目安

紀伊田辺駅
　〜滝尻約7600円
　〜近露約1万3000円

見る ● 歩く

闘雞神社
とうけいじんじゃ

地図 p.51
紀伊田辺駅から 🚶 8分

創建は5世紀初めといわれる。熊野三山（本宮・速玉・那智）の祭神を勧請した三山の別宮的な存在で、歴代上皇・公卿の熊野参詣時には、この社にも参籠祈願するのが常で

あったという。社名は田辺の宮、新熊野権現田辺の宮、新熊野雞合大権現と変遷し、現在の社名は明治維新後に改めたもの。これは源平争乱の時、いずれに味方すべきかと闘鶏によって神意を占った故事に依る。

♪ 0739-22-0155　📍 田辺市東陽1-1
🅿 80台（1時間100円）
＊ 境内自由

南方熊楠顕彰館
みなかたくまぐすけんしょうかん

地図 p.51
紀伊田辺駅から 🚶 10分

田辺が生んだ偉人・熊楠の旧宅と彼が残した膨大な資料を展示。顕彰館は無料。

♪ 0739-26-9909　📍 田辺市中屋敷町36
🕐 10:00〜17:00（最終入館は16:30）
🈺 月曜、第2・4火曜、祝日の翌日、12/28〜1/4
💴 350円（南方熊楠邸）　🅿 12台

買う ● 食べる

かまぼこ通り／かまぼこ

たな梅 本店
たなうめ　ほんてん

地図 p.51
紀伊田辺駅から 🚶 12分

慶応元年創業の蒲鉾の老舗。丸い焼型が特徴の「なんば焼き」は、エソなどの新鮮な魚肉のすり身を鉄板で焼き上げたもので、もっちりした歯ごたえと魚の風味が魅力。ゴボウと魚のすり身をエソの皮で巻き、独自のタレで焼き上げた「ごぼう巻」も人気。なんば焼き1枚1404円。

♪ 0739-22-5204
📍 田辺市福路町39
🕐 8:30〜17:30
🈺 1月1〜4日
💴 ごぼう巻1本1058円
🅿 3台

高野山

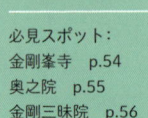

エリアの魅力

歩く楽しみ
★★★

温泉
なし

味・みやげ
胡麻豆腐・精進料理

必見スポット：
金剛峯寺　p.54
奥之院　p.55
金剛三昧院　p.56
霊宝館　p.56
壇場伽藍　p.56

標準散策時間：3時間
（奥の院～大門）

問い合わせ先

高野町観光協会
♪0736-56-2468
http://www.koya.org
高野山宿坊協会
♪0736-56-2616
http://www.shukubo.
net/contents/
南海りんかんバス
♪0736-56-2250

空海が今も生き続ける世界遺産の霊山

　世界遺産「紀伊山地の霊場と参詣道」に含まれる高野山は、海抜約1000mの盆地に、真言宗の総本山金剛峯寺を中心とする117の寺院が集まる信仰の町。夏には平地より10℃ほど気温が低い。

　必見は杉木立に囲まれた奥之院。たくさんの人々がお参りに訪れる中、お大師さまに食事を届ける僧が1日2回通っていく。お寺の「宿坊」で朝のお勤めを体験したり、精進料理も味わってみよう（p.58）。

HINT

高野山への行き方

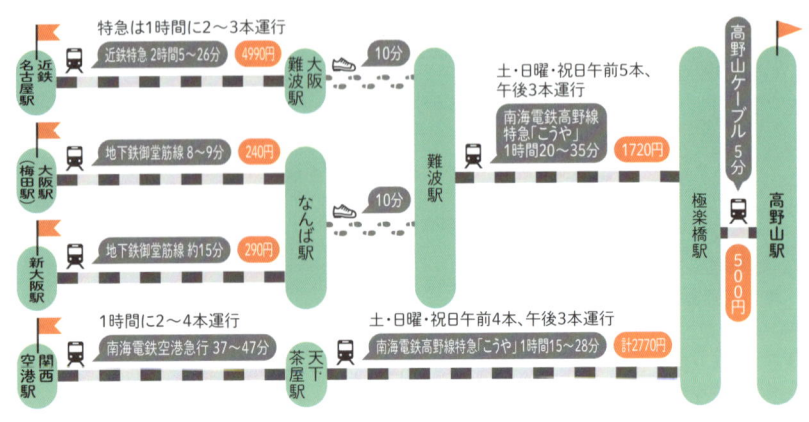

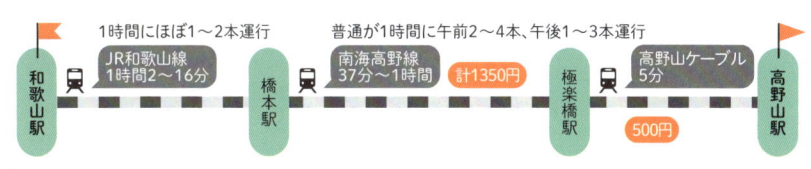

	1時間にほぼ1〜2本運行		普通が1時間に午前2〜4本、午後1〜3本運行			
和歌山駅	JR和歌山線 1時間2〜16分	橋本駅	南海高野線 37分〜1時間	計1350円	極楽橋駅	高野山ケーブル 5分
					500円	高野山駅

! HINT

はじめの一歩の進め方＆まわる順のヒント

高野山駅から女人堂までの道は、路線バス専用。奥之院方面へはケーブルカーの到着に合わせて路線バスが運行されている。

バスターミナルは駅を出て左手。バスの時刻表は駅前の営業所で。また有料拝観の諸堂（金剛峯寺、大師教会、金堂、徳川家霊台、大塔）を回って授戒を受けるなら、諸堂共通内拝券2500円が700円おトク。3カ所ある観光協会の案内所で買える。

高野山の山内を走るバスは、奥之院方面と大門方面と運行ルートが分かれているうえに、本数が少ない。そこで、まず奥の院前行きで高野山駅前から最も東にある♀奥の院前まで行き（500円）、次の移動は♀奥の院前もしくは♀奥の院口からバス便がなければ歩く、というのが現実的だ。♀奥の院口から金剛峯寺まで歩いて約15分、大門までは約30分の距離。バス便は、♀奥の院前から金剛峯寺方面、大門行（平日）は、9時台1便、10時、11時、12時台に各3便、13時台に2便しかない。土・日曜・祝日は9時台2便、10時台3便、11時台4便、12時台2便、13時台4便運行されている。

バスの時刻を事前にチェックし、日帰りで高野山駅前〜奥の院前〜大門〜高野山駅前と回れるようなら、高野山駅前バス乗り場で買える高野山内1日フリー乗車券1100円がおトク。また、効率良く回るなら、レンタサイクル（地図p.54-G）の利用も。

レンタサイクル

宿坊協会中央案内所（地図：p.54-G）
1時間400円、30分超過毎100円加算（受付8:30〜16:30、要問い合わせ）

タクシー情報

高野山駅
〜千手院　約1600円
〜中の橋　約2800円

高野山

TEKU TEKU COLUMN

町石（ちょういし）

奥之院参道や、伽藍から奥の院までの道沿いで見られるこの石は町石とよばれるもので、高野山への参詣道の道しるべとして一町（109m）ごとに立てられた石造の卒塔婆。ふもとの慈尊院から大塔まで180本が並ぶ。

ケーブルの高野山駅。2階からの眺めがいい

山内を回る南海りんかんバス。事前に時刻の確認を

高野山ケーブル

極楽橋へ↑

A

高野山駅
高野山駅前

南海電鉄バス専用道路

← 国道408号線へ

嶽弁財天

B

女人堂 → **女人堂** P.57

C

高野山中図

国民宿舎巴陵院

卍蓮華定院

高野町

卍西室院

徳川家霊台 P.57

卍光台院

卍南院

金輪公園
浪切不動前

龍泉院卍

高野警察署前

卍高野山病院
高野町役場

高野山観光協会中央
案内所・宿坊協会
（レンタサイクル）

P.52

ここへの行き方
高野山駅から南海
りんかんバス大門
南駐車場行きで
17分

高野山高図

夜にライトアップ
される根本大塔

正智院卍

卍宝城院

卍明王院

卍西禅院

卍龍光院 P.54

金剛峯寺 P.54

金剛峯寺

福智院
P.59 H

本覚院卍
卍無量光院

本王院卍
一乗院卍

卍普賢院

卍普門院

宝寿院卍

高野山専修学院

高野山高校前

卍親王院
持明院

WC

8分

六時の鐘

WC 金剛峯寺前

南都 卍
千手院橋

蓮花院卍
高室院

大門通り

森下商店
総本舗

小田原
通り

かつらぎへ

P.56
大門
大門

480

敷川弁財天

深山トンネル

4分

4分

御影堂
根本大塔 P.56

●金堂
中門

WC

蛇腹道

増福院卍

常喜院
大師教会

6分

紀陽

P
金剛峯寺前

●

WC

高野山大
図

安養院

卍西門院

小田原

START

西南院卍
弁天前

壇上伽藍

8分

金堂前

卍桜池院

釈迦文院

卍浄菩提院

卍大徳院

高野山料理花菱
本店 P.57

濱田屋 P.57

卍金剛三昧院

大師陀羅尼製菓

角濱総本舗

宝亀院卍

卍遍照尊院

霊宝館前

霊宝館 P.56

大宝蔵

N

参拝する修行僧
に出会うことも

高野山大図書館

高野山小

珠数屋四郎兵衛

金剛峯寺前

古
女
人
道
小
田
原

P.56

P
高野山
1:12,700
0　　　　300m
371

周辺広域地図 P.138-139

♪徒歩6分

♪徒歩6分

熊野本宮へ→

龍神温泉へ→

総本山 金剛峯寺
そうほんざん　こんごうぶじ

地図 p.54-G
♀ 金剛峯寺前から ⛵ 1分

　全国の高野山真言宗3600カ寺の総本山。
豊臣秀吉が母親の供養のために建立したも
ので、内部には昔、天皇・上皇が登山された
際の応接間で、壁が総金箔押しの「上壇の
間」や、豊臣秀次が自刃したと伝えられる
「柳の間」などがあり、各時代の著名な画家

達が腕をふるった襖絵も見どころ。現在の建物は1863（文久3）年の再建。

📞 0736-56-2011　📍 高野町高野山132
🕐 8:30〜17:00（受付は〜16:30）
休 無休　¥ 1000円　🅿 100台

POINT  てくナビ／宿坊や小ぢんまりとした商店が並ぶ広い通りを歩く。クルマの通行は頻繁。途中にある苅萱堂は、苅萱道心と子の石童丸が親子の名乗りをあげないまま修行したという話が伝わるところ。

奥之院
おくのいん

地図 p.55-E
高野山駅から奥の院行きバスで🚏奥の院前下車 🚶10分

　入定した空海が、今でも衆生を救い続けているとされる弘法大師御廟や、全国の信者から奉納された万燈籠が輝く燈籠堂などのある奥の院は、高野山の中でも別格の浄域。一の橋から約2km続く参道の両側には、各時代、あらゆる階層の人々の20万基を超える墓碑が杉木立に囲まれて立っている。織田信長をはじめ、名だたる武将、大名の供養塔も数多い。

- ☎ 0736-56-2002（奥之院御供所）
- 📍 高野町高野山
- ⏰ 燈籠堂開堂 8:30〜17:30
- 休 無休　¥ 無料　🅿 150台
- ＊ 参道・弘法大師御廟散策自由

金剛三昧院
こんごうさんまいいん

地図 p.54-G
📍 千手院橋から 🚶 5分

　源頼朝の菩提を弔
うために造られた
「禅定院」の規模を拡
大し、源氏、北条氏の
菩提のために建立さ
れた寺。当時は寺内に勧学院が建てられ、密
教学の興隆に寄与したという。境内の多宝
塔は国宝、経蔵と本坊は重要文化財。

- ☎ 0736-56-3838　📍 高野町高野山425
- ⏰ 8:00〜17:00　休 無休
- ¥ 300円（特別拝観期500円）　🅿 10台

霊宝館
れいほうかん

地図 p.54-G
📍 霊宝館前から 🚶 1分、金剛峯寺から 🚶 4分

　金剛峯寺をはじ
め、山内の各寺院
に伝わる仏教美術
や古文書などを収
蔵、展示している。
ここには国宝、重文を含む約5万点の収蔵
品があり、古くから人々が高野山に寄せて
きた信仰の厚さを知ることができる。

- ☎ 0736-56-2029　📍 高野町高野山306
- ⏰ 5〜10月 8:30〜17:30（入館は〜17:00）、
  11〜4月 8:30〜17:00（入館は〜16:30）
- 休 年末年始　¥ 1300円　🅿 20台

壇上伽藍
だんじょうがらん

地図 p.54-F
📍 金堂前から 🚶 1分、霊宝館から 🚶 3分

　大塔や金堂、御影堂な
どの建ち並ぶ一角を壇上
伽藍といい、これはサン
スクリット語で僧侶が修
行する清浄な場所を意味
する。高野山が開かれた
当初、まず諸堂が建立さ
れた場所で、奥の院とともに高野山の信仰
の中心となっている。大塔（根本大塔ともい
う）と金堂は内部を拝観できる。

- ☎ 0736-56-3215（伽藍納経所）
- 📍 高野町高野山152
- ⏰ 8:00〜17:00（入館は〜16:45）
- 休 無休　¥ 金堂500円。大塔500円
- 🅿 なし　＊ 境内自由

POINT　てくナビ／うっそうとした杉の木が並ぶ道、蛇腹道（じゃばらみち）を通って金剛峯寺へ行ってもいい。紅葉が素晴らしい。

大門
だいもん

地図 p.54-F
📍 大門から 🚶 1分、壇上伽藍から 🚶 7分

　　　　　　高野山の総門で
あり、ここから聖
域に入るという結
界のシンボル。現
在の建物は1703
（元禄16）年に再建されたもので、国の重要
文化財に指定されている。両脇の金剛力士
像は江戸時代の仏師康意と運長の作。

- ☎ 0736-56-2011（金剛峯寺）　📍 高野町高野山
- 🅿 なし　＊ 拝観自由

徳川家霊台
とくがわけれいだい

地図 p.54-C
♀浪切不動前から🚶1分、♀千手院橋から🚶9分

三代将軍家光が、家康と秀忠の霊を弔うために10年をかけて造営。内部は非公開。

🎵 0736-56-2011（金剛峯寺）　♀高野町高野山
🕐 8:30〜17:00　🈑無休　💴200円　🅿なし

女人堂
にょにんどう

地図 p.54-C
♀女人堂から🚶1分、♀千手院橋から🚶15分

明治5年に女人禁制が解かれるまで、女性は高野山内に入れず、山内周囲の女人堂にお籠りをした。

🎵 0736-56-2011（金剛峯寺）　♀高野町高野山
🕐 8:30〜17:00　🈑無休　💴無料　🅿なし

食べる＆買う

♀千手院橋周辺／精進料理

高野山料理 花菱 本店
こうやさんりょうり　はなびし　ほんてん

地図 p.54-G
♀千手院橋から🚶1分

金剛峯寺御用達の高野山料理・会席料理の店。高野山料理とは、僧侶同士のもてなしに出された精進料理（鰹節やネギ、玉葱などを一切使わない）を一般向けにしたもので、人気は揚柳膳6050円や三鈷膳2640円（写真）など。また、魚介類や肉なども入るお弁当、花御堂（はなみどう）3520円や橘点心7150円も好評。奥の院中の橋前に支店「はちよう」がある。

🎵 0736-56-2236
♀高野町高野山769
🕐 11:00〜18:00（18:00以降は要予約）
🈑不定（平日に月2回程度。8月は無休）
💴揚柳膳6050円（写真）
🅿10台

🛍♀千手院橋周辺／和菓子

みろく石本舗 かさ國
みろくいしほんぽ　かさくに

地図 p.54-G
♀小田原通りから🚶すぐ

創業以来、金剛峯寺御用達菓子司として、伝統に新しいアイデアも加えたお菓子を作り続けている。銘菓「みろく石」は、香ばしい皮と、ふっくら炊き上げられた粒餡が絶妙の味わいで、人気の一品。高野

通宝（1個400円）をはじめオリジナル商品の仏手柑（ぶっしゅかん）の甘露漬（100g1500円、写真下）もある。

🎵 0736-56-2327
♀高野町高野山764
🕐 8:00〜18:00頃
🈑不定（正月・お盆は営業）
💴みろく石6個750円（写真）
🅿5台

🛍♀千手院橋周辺／胡麻豆腐

濱田屋
はまだや

地図 p.54-G
♀小田原通りから🚶2分

敷地内から湧き出す井戸水と吉野の本葛、厳選したゴマで作られる胡麻豆腐は、色白・なめらかで、口どけがよい。

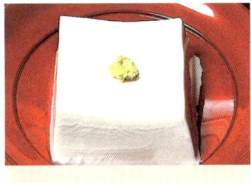

🎵 0736-56-2343
♀高野町高野山444
🕐 9:00頃〜17:00（売り切れじまい）　🈑不定　💴胡麻豆腐6個入3000円（要保冷）
🅿3台

高野山

森林セラピーと宿坊体験の旅

選ばれし者が訪れるといわれる高野山。
千年の森を歩いたら、宿坊に泊まり、
写経や朝のお勤めをしてみよう。
心だけでなく身体も浄化されていくよう。

森林セラピー体験

世界遺産である高野山の森は、檜や杉など高野六木をはじめとする木々を守り育ててきたところ。科学的な癒し効果によって、「森林セラピー® 基地」に認定されている。女人道や転軸山などの8つのコースが整備されている（各写真）が、おすすめは奥之院（p.55）を歩く金剛界ルート。高野山を代表する景勝地であり、林立する大杉の中を歩く。人数がいる場合は、インストラクターのガイドを申し込むといい。五感を利用した癒しや、森の楽しみ方を教えてくれる。

問い合わせ　高野山寺領森林組合
☎0736-56-2828
e-mail:jiryou@extra.ocn.ne.jp
https://www.forest-koya.com/
開催期間
4月〜10月の土・日曜（事前予約制）
定期ツアーとオプションツアーの2コースあり
¥3600円〜（昼食代、保険料含む）

木の温かみを感じるために木を抱く。樹齢数百年の巨木の大きさに驚く。インストラクターがつくとこんなことも。ハンモックや、莫座を引いて瞑想タイム

● 自然と触れ合う

←心地よい空気の香りに木洩れ日。木々の間を風が、心地よく通り過ぎていく

17:00

16:00

14:00

午後到着

● 部屋

宿坊散策

着くと院内を案内してもらってから部屋へ。宝物殿にも迷いこんだような仏像の数々、りっぱな襖絵の和室など、到着とともにお寺に泊まることを実感できる

雪見窓から庭が見える和室など、部屋タイプはさまざま。鍵は内に付いている

朝夕の食事は、各部屋に精進料理を配膳してくれる。アルコールも注文可

● 写経

写経や写仏など体験も可能（別途各1500円）。願い事を書いた写経・写仏は翌日に奉納してくれる。20時から

朝からお坊さんの庭模様作りが始まる

この日は金剛峯寺（p.54）を中心に参拝して回ってみよう。

HINT

● 食事

18:00　**20:00**　翌日 **06:00**　**08:00**　**09:00**

● お勤め

● 休憩

チェックアウトの9時までは、庭を眺めながらコーヒータイムでくつろいでも

参加自由の朝のお勤めは6時から。本堂から枯山水の庭を眺められるのはこの時だけ。四角の模様が入口から眺めるのと異なって見える

● 風呂　男性風呂の高野槙の露天桶風呂。女性風呂には、岩の露天風呂がある

宿坊に泊まる

　高野山には旅館やホテルが少なく、代わって参拝者を泊めてくれるのが山内にある52カ寺の宿坊。高野山温泉 福智院は、昭和の名作庭家重森三玲による3つの庭園が有名で、高野山唯一の天然温泉がある。力強い石組みとモダンな地割りで構成される作風の庭は、宿坊内の眺める位置で異なった趣を見せる。温泉は、泉質が弱アルカリ性単純泉で肌に優しい。24時間入浴可能で、大浴場には低温ハーブサウナを完備している。旅館と変わらずリラックスができる。

高野山温泉 福智院　地図p.54-G
♀ 高野警察前から🚶すぐ
📞 0736-56-2021　📍 高野町高野山657
💰 1泊2食付2万8600円～　🅿 20台
※宿坊についての問い合わせは📞0736-56-2616（高野山観光協会・宿坊組合）。宿坊によって、宿泊料金や備品が異なる。予約制で精進料理の昼食を行っているところもある。

十津川

日本でいちばん大きな村は
山深い自然と温泉が魅力

　紀伊半島のほぼ中央にある十津川村は、日本最大の村で村内を世界遺産の熊野古道・小辺路が通る。深い渓谷と高い山並みに囲まれた土地は、かつて「秘境」と呼ばれ、今もその豊かな自然が多くの人に愛されている。村内にある風情の異なる3つの温泉地は、全国で初めて源泉かけ流し100％を宣言したことでも知られている。

十津川への行き方

　1日上下3便運行の奈良交通の八木新宮特急バス（→p.62）を新宮駅または大和八木駅から利用する。谷瀬の吊り橋がある上野地まで新宮駅から約3時間31分・3700円、本宮大社前から約1時間50分・2250円、大和八木駅から約3時間10分・2850円。村の北にあたる上野地から南端の十津川温泉までは所要約1時間15分。

まわる順のヒント

　広大な村内に見どころが点在しているので、バスだけですべてを見て回るのは難しい。谷瀬の吊り橋はバスの運転休憩時間が20分あるので、急ぎ足であれば時間内に見られる。じっくり見るなら、自動車があった方がいい。

エリアの魅力

観光ポイント
★★
温泉
★★
村内には湯泉地、上湯、十津川の3つの温泉があり、日帰り入浴施設や宿を400円くらいから利用できる。p48も参照。
食事ポイント
★
キノコや川魚など豊かな山の恵みが魅力だが、飲食店の数が少なめ。次ページのコラムを参照。
ショッピング
★
おみやげは宿の売店か、道の駅十津川郷（☎0746-63-0003）で。

問い合わせ先

十津川村役場企画観光課
☎0746-62-0004
十津川村観光協会
☎0746-63-0200
奈良交通
☎0742-20-3100
三光タクシー
☎0746-64-1234

玉置神社の襖絵

果無集落

見る＆歩く

谷瀬の吊り橋
たにぜのつりばし

地図p.138-F
奈良交通バス♀上野地から🚶3分

　上野地から対岸の谷瀬に架かる、日本有数の長さを誇る吊り橋（高さ54m、長さ297m）。この橋が架かる昭和29年まで、川に丸木橋を掛けて行き来していたが、洪水の度に流されるため、当時一戸あたり20万円もの大金を出し合ってこの橋を架けた。

玉置神社
たまきじんじゃ

地図p.141-C
十津川温泉から🚗で40分。土・日曜・祝日のみ昴の郷8:40発、十津川温泉8:44発の予約制バス（村営バス運行管理事務所♪0746-64-0408）810円（片道）が運行

　熊野三山の奥の院ともいわれ、吉野からの大峯奥駈道のルート上にある古社。社伝では崇神天皇61（紀元前37）年に熊野本宮とともに創建されたといわれる。国の重文である社務所には杉の1枚板に豪

華な花鳥画が描かれた襖絵が約60枚ある。

♪0746-64-0500　♀十津川村玉置川-1
🕐境内自由（社務所8:00〜16:00）　㊡無休
💴襖絵拝観500円（改修のため拝観停止）　🅿あり

果無峠
はてなしとうげ

地図p.141-C

　熊野本宮大社への峠道で、小辺路の一部。峠の手前の果無集落までが、山道の登り40〜50分、下りの林道で約1時間の絶好のハイキングコースになっている。本宮大社まで歩く場合は15kmで、所要約7時間。

湯泉地温泉
とうせんじおんせん

地図p.138-F

　織田信長の部将・佐久間信盛も湯治に訪れたという歴史ある温泉。60℃の単純硫黄泉が湧き、静かな山峡の雰囲気に浸れる。滝を眺める露天が人気の滝の湯や、泉湯などの入浴施設がある。

滝の湯：♪0746-62-0400　♀十津川村小原373-1　🕐8:00〜21:00（8月〜11月は7:30〜21:00）　㊡木曜　💴800円　🅿あり

十津川

TEKU TEKU COLUMN

十津川でのごはん＆みやげ

　谷瀬の吊り橋の近くでは、吊り橋を眺められるテラスが人気のカフェ・スプルース（♪0746-68-0157・10:00〜15:00／土・日曜・祝日は9:00〜17:00・金曜休）がおすすめ。ソースも手作りするオムライスや、十津川産のキノコを使ったピザやピラフがある。

　十津川温泉ではホテル昴（→p.48）のレストラン石楠花（11:30〜14:00・17:00

〜20:00・無休）が、メニュー豊富で地元の利用も多い。十津川の味が満喫できる昴御膳1980円などの豪華メニューのほか、十津川特産きのこをトッピングしたきのこカレー1100円など手軽な品も。

　おみやげなら道の駅十津川郷（♪0746-63-0003・8:00〜17:30）へ。十津川産の野菜やキノコ、味噌、漬物のほかお弁当もある。2階のそば処行仙は手打ちそばがおいしい。

※2025年3月末まで、谷瀬の吊り橋付近で建物の解体工事が実施されるため、八木新宮特急バスは迂回運行。また、工事期間中は、谷瀬の吊り橋の渡橋・見学ができない。

日本最長の路線バス

八木新宮特急で紀伊半島を縦断!

和歌山、奈良、三重の3県に見どころが広がる紀伊半島。移動のキホンは海沿いの紀勢線だが、半島を南北一直線に結ぶ路線バスがある。

※時刻、発着場所、料金は2025年3月現在

Start

♀ 大和八木駅
♀ 橿原市役所前
♀ 医大病院前
♀ 四条
♀ 五井
♀ 忌部
♀ 国道曲川
♀ アルル北
♀ 今里東
♀ 今里 ← このあたりは街なかを走る
♀ 片塩町
♀ 高田市駅
♀ 栄町
♀ 東中
♀ 曽大根
♀ 新庄
♀ 北花内
♀ 忍海
♀ 忍海駅
♀ 御所元町
♀ 近鉄御所駅
♀ 御所済生会病院前
♀ 御所橋
♀ 御所幸町
♀ 宮戸橋
♀ 寺田橋
♀ 小殿
♀ 鳥井戸 ← 行基開創でツツジの名所の船宿寺の最寄り
♀ 船路
♀ かもきみの湯
♀ 風の森 ← 全国の賀茂神社の本社・高鴨神社が近い
♀ 東佐味
♀ 小山
♀ 居伝町
♀ 住川 ← 国宝の八角円堂がある栄山寺はここから
♀ 国道三在
♀ 宇野
♀ 上今井
♀ 栄山寺口 ← 約15分停車。トイレ休憩
♀ 今井

♀ 五條バスセンター
♀ 五條駅
♀ 県立五條病院前
♀ 野原
♀ 大川橋南詰 ← 江戸時代の街並みが残る五條新町がある
♀ 戎神社前
♀ 霊安寺

大和八木駅9:15発が第1便。駅前の路線バスターミナルに新宮行きが到着

路線バスとはいえ長距離便。座席はゆったり

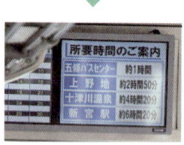

所要時間に注目!

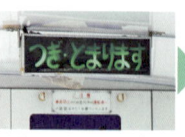

路線バスなので、ボタンをおせば点灯

POINT 八木新宮特急とは?

奈良交通が運行する路線バスで、高速道路を使わず一般道を行く路線としては日本最長。奈良県の近鉄大和八木駅前から和歌山県のJR新宮駅まで166.9kmもの長い路線だが、昭和38年の路線開設当初は奈良市東大寺の大仏前バス停が起点で、走行距離196.2km、所要8時間と、さらに長いものだった。

始発から終点まで6時間以上とノンビリした印象だが、紀伊半島を南北に移動する旅人、沿線の人々には欠かせない足で、エース級のベテラン運転手が狭い山道を走り抜けている。

大和平野では車窓は明るく、広い

五條バスセンターで最初の休憩、約10分

♀ 丹原
♀ 上丹原
♀ 生子
♀ 老野
♀ 老野口
♀ 神野口 ← 奈良の三大梅林、賀名生梅林はここ
♀ 神野
♀ 賀名生和田北口
♀ 賀名生和田
♀ 賀名生農協前
♀ 上田
♀ 大田和
♀ 大川口
♀ 黒渕
♀ 城戸
♀ 塩原橋
♀ 塩原
♀ 宗川野
♀ 市原橋
♀ 市原
♀ 大久保 ← 秘境・十津川村の境になっていた天辻峠
♀ 永谷口
♀ 永谷
♀ 星のくに
♀ 天辻
♀ 下天辻
♀ 上阪本
♀ 阪本
♀ 下阪本
♀ 小代下
♀ 猿谷

1日3往復、所要6時間半！

●鉄道駅が起点

北は近鉄の大和八木駅が起点で9:15、11:38、13:38発の1日3便。南はJRの新宮駅発で5:53、7:46、10:18の3便だ。途中3回の休憩をはさみつつ、バスは所要約6時間30分で紀伊半島の南北を結んでいる。首都圏からは始発の新幹線に乗っても、残念ながら大和八木駅9:15には間に合わないので、前泊するか途中の五條からの乗車になる。

●はじめは大和平野のゆるやかな景色

大和八木からしばらくの間は、乗ってすぐ降りる乗客も多く、ごく普通の路線バスの雰囲気だ。御所を過ぎると家並が途切れ始め、田園を背景に葛城山など、古代を感じさせる景色や地名が次々に現れてくる。

●五條を過ぎると山の中へ

五條市街を抜けるとバスは一路山道へ。道の曲がりと勾配がきつくなり、○○口といった地名が山が深くなっていくことを感じさせる。幕末の天誅組ゆかりの天辻、吊り橋がある上野地、ダム湖のある風屋、十津川村役場などを経て十津川温泉へ。ここで約10分の休憩。

●和歌山に入ると熊野川沿いのおだやかな眺め

十津川温泉からもしばらくは山道が続くが、熊野本宮大社が近づくあたりから、川沿いの明るい道になる。湯の峰、川湯、渡瀬温泉などの本宮温泉郷や瀞峡めぐりの船が発着する志古を過ぎ、トンネルを抜けるといきなり市街地、新宮に入る。速玉大社の最寄りバス停の権現前の次のバス停が、終点新宮駅だ。

五條を過ぎれば山へ。五新線の跡が見られる

新宮からやってきた便と、狭い道で交差

所要6時間半、ついに新宮に到着！

和歌山県に入ると、熊野川沿いの明るい景色

十津川温泉でも約10分休憩。トイレもある

狭く、長い道のりだけに、運転手さんはベテラン揃い

谷瀬の吊り橋も渡れる。バスは乗客が戻るのを待ってくれる

上野地での休憩は約20分。急げば…↑

- 新宮駅
- 権現前 … 速玉大社はここが最寄り
- 新宮高校前
- 神丸
- 日足 … 瀞峡めぐりはここが乗り場
- 志古
- 宮井大橋
- 大津荷
- 高津地
- 下地橋
- 請川 … 冬には川がそのまま露天風呂になる仙人風呂がある
- 成石
- 本宮小学校前
- ふじや前
- かめや前 … 露天風呂のサイズは西日本最大級
- 川湯温泉
- 渡瀬温泉
- 渡瀬
- 将監ノ峯 … 世界遺産指定の温泉「つぼ湯」がある
- 下湯川
- 下湯峰
- 湯の峰温泉 … 本宮大社がもともと建っていたところ
- 熊野本宮
- 大斎原前
- 本宮行政局前
- **本宮大社前**
- 祓所団地前
- 下向路 … 本宮大社はここで下車
- 大居口
- 平岩口
- 道の駅奥熊野
- 竹の本
- 三里郷
- 熊野萩
- 八木尾
- 土河屋 … ここから和歌山県
- 七色
- 二津野
- 桑畑隧道口
- 桑畑
- 果無隧道口
- 桑畑小井 … 人力ロープウェイ・野猿あり
- 櫟砂古
- ホテル昴 … 果無集落、果無峠への登山口はここ
- 蕨尾
- 蕨尾口
- **十津川温泉**
- 平谷 … 約10分休憩。トイレ休憩
- 鈴入
- 豆市
- 下込の上
- 込の上
- 折立山崎
- 折立
- 折立口 … 湯泉地温泉、民俗資料館、道の駅あり
- 今戸
- 滝
- 十津川小原
- 十津川村役場
- 湯の原
- 上湯の原
- 小井
- 池穴南口

辻堂 / 大塔支所 / 辻堂南 / 閉君 / 宇井君 / 宇井 / 大塔温泉夢乃湯 / 塩殿 / 長殿 / 長殿発電所前 / 旭 / 旭鶴 / **上野地** / 小栗栖 / 下上野地 / 月谷口 / 河津谷 / 高津 / 高津西 / 川津 / 川津下 / 川津西 / 風屋 / 滝川口 / 風屋花園 / 野尻 / 野尻橋 / 岩村橋 / 山篭大橋 / 池穴南口

40人が一度に入れる古代檜の大浴槽がある

約20分の休憩なので、谷瀬の吊り橋も渡れる

ダム湖が見える

63

熊野川の川遊び

大峰山系の山上ヶ岳に源を発し、新宮で太平洋にそそぐ熊野川。熊野詣の川の参詣道を復活させた川下りや、絶景が待つ支流・北山川への遊覧船などが楽しめる。

本宮から新宮へ川の参詣道
熊野川舟下り（くまのがわふなくだり）

平安時代から江戸時代中期にかけて、本宮から熊野速玉大社へ参詣するルートのひとつとして熊野川が利用されていた。この舟下りは、当時の様子を約16kmにわたって再現。約1時間30分の行程で、舟には語り部が乗船し、両岸の滝や岩などをガイドをしてくれる。乗船場は「道の駅瀞峡街道熊野川」下の川原、下船は新宮の権現川原。

畳岩の前で語り部が笛を吹く場合も

切り立った岩肌から熊野川へと激しく流れ落ちる様が見事な葵の滝など、山を流れ落ちる名瀑が次々と現れる

奇岩や巨岩を川から眺めよう

地図 p.141-G
🚏 本宮大社前または🚏 新宮駅からバスで🚏 道の駅熊野川下車 🚶‍♀️ すぐ 📞 0735-44-0987
📍 新宮市熊野川町田長54-8 道の駅瀞峡街道熊野川内熊野川川舟センター
URL：https://kawabune.info/
🕘 予約受付9:00〜17:00（完全予約制、出船の30分前までに予約）　出船10:00、14:30
🈳 無休（12〜2月の冬季は6名以上の団体利用のみ運航）　💴 4950円
＊ マイカーの人は復路無料送迎あり

瀞峡の迫力を船上から眺める
瀞峡めぐり（どろきょう）

瀞峡は和歌山、三重、奈良3県の境を流れる北山川にある峡谷。両岸に断崖絶壁が連なり、奇岩、巨岩がそそり立つ景観が続く9キロを、船頭のガイドを聞きながら約40分かけて遊覧する。国の特別名勝にも指定された大峡谷を体感できる。

地図 p.141-C
※公共交通機関ではアクセスできないので、車で新宮市熊野川町玉置口8-1へ。
📞 0735-44-0987（川舟センター）
📍 新宮市熊野川町田長54-8 道の駅瀞峡街道熊野川内熊野川川舟センター
URL：https://kawabune.info/
🕘 火〜日曜9:00〜15:00（出船の20分前までに受付）
🈳 月曜（月曜が祝日の場合は運航、翌平日運休）
出船9:00、10:00、11:00、13:00、14:00、15:00　所用時間：40分（往復コース）

南紀

白　浜

エリアの魅力

歩く楽しみ
★★★
温泉
★★★★★
マリンレジャー
海水浴など

必見スポット：
アドベンチャーワールド p.70、白浜エネルギーランド p.72、千畳敷 p.73、円月島 p.74

標準散策時間：4時間
（白浜エネルギーランド～アドベンチャーワールド）

紺碧の海に面した楽園の温泉地

　温泉を中心として、白砂の美しい白良浜、その周囲に数々の自然景勝や見所が点在。南国ムードたっぷりの海とたわむれるもよし、温泉に浸かるもよし、太平洋を望む自然景観を楽しむもよし、アミューズメントパークで遊ぶもよ

アドベンチャーワールド。人気のパンダ

し。家族でカップルで、また1人旅でも、コンパクトに楽しめる要素がそれほど広くない範囲にきゅっと詰まっているのが魅力だ。

問い合わせ先

南紀白浜観光協会
☎0739-43-5511
紀伊半島観光情報ステーション
☎0739-42-2900
日本航空予約センター
☎0570-025-071
明光バス
☎0739-42-3378
白浜温泉旅館協同組合
☎0739-42-2215

HINT　白浜への行き方

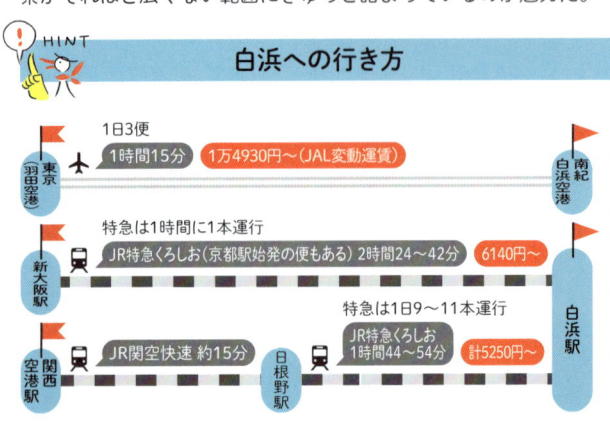

東京 羽田空港 → 南紀 白浜空港
1日3便
✈ 1時間15分　1万4930円～（JAL変動運賃）

新大阪駅 → 白浜駅
特急は1時間に1本運行
🚆 JR特急くろしお（京都駅始発の便もある）2時間24～42分　6140円～

関西空港駅 → 日根野駅 → 白浜駅
🚆 JR関空快速 約15分
特急は1日9～11本運行
🚆 JR特急くろしお 1時間44～54分　計5250円～

タクシー情報

白浜第一交通
☎0739-42-2916

タクシー料金の目安

南紀白浜空港
　～白浜駅　2170円
　～白良浜　1270円
　～アドベンチャーワールド　1180円

はじめの一歩の進め方

JR利用の場合は、白浜駅の改札を出て左手にある紀伊半島観光情報ステーションで最新の観光情報を入手しよう。見どころの多くは白良浜方面にあるので、♀白浜駅からバスやタクシーで向かうことになる。白浜駅から♀白良浜までバスで15分、340円。1時間に2〜3便出ている。タクシーだと約10分、1700円ぐらい。

宿によっては駅との間に無料のシャトルバスを運行しているので、予約の際に確認しよう。南紀白浜空港(愛称「熊野白浜リゾート空港」)を経由するものも一部ある。

南紀白浜空港に着いた場合は、♀白良浜、♀臨海(円月島)経由白浜駅行きの町内循環バスが1日7便出ている。白浜駅に早く行きたい場合は逆回りで。ただし、午前中4便のみ。そのうち1便はアドベンチャーワールドの休園日は運休。

HINT まわる順のヒント

1日でできるだけ多くの観光名所を回るなら、明光バスのフリー乗車券「とくとくフリー乗車券」がある。町内は自由乗降でき、一部施設の入場割引券が付いている。1日フリー券1100円。利用する場合はバスの時間を事前にチェックし、少なくとも3カ所以上の施設を回るなど、損をしないように検討しよう。白浜駅前案内所、白浜バスセンター前のローソンなどで販売している。2日フリー券1600円、アプリで購入するデジタル版もある。

天然記念物
白浜泥岩岩脈

足湯の施設が町の
ところどころに

白浜

POINT

TEKU TEKU COLUMN

白砂の美しい浜辺
白良浜のイベント
●白浜花火フェスティバル(7月30日)、白浜花火大会(8月10日)
海水浴場の沖合いから早打ちスターマインや仕掛け花火が打ち上げられる。約1kmに渡るナイヤガラは最大のみどころ。開催時間は20:00〜21:00。
●白良浜ライトパレード(11〜2月)
白良浜がライトアップされるイベント。星座や天使のゲートなど光のオブジェの彩がとても幻想的。開催時間は17:00〜22:00。2月1日からは17:30〜。
【問い合わせ】
白浜観光協会 E 0739-43-5511
地図p69-G ※開催日程は変更する場合あり。確認を。

白浜

1:18,700
0 ── 300m

周辺広域地図 P.140-141

徒歩6分

A

B

瀬戸崎

大島

千畳敷
P.73

白浜パークマンション

浜千鳥の湯 海舟 P.77

湯快リゾートホテル千畳

白浜海中展望塔 P.72

千畳口

崎の湯 P.71

南千畳

ホテル シーモア P.77

草原の湯

P.73 三段壁

ノンビレッジ

新湯崎

のんびれっじ白浜

白浜温泉 SPA・イン 白浜

P.73 三段壁洞窟
三段壁足湯

家族とすごす
白浜の宿 柳屋

湯崎

つくもと足湯

三段壁

牟婁の湯 P.71

まぶ湯

梶原島

P

湯崎

三段壁

ホテル天山閣
海ゆう庭

湯処むろべ

ホテル三楽荘

南紀白浜マリオットホテル

白石橋南

E

インフィニートホテル&スパ
南紀白浜

P.76 活魚・鍋料理 風車

白浜二小

梶原

白浜GC

温泉神社

白浜町役場

白浜観光協会

いそぎ公園

P.73 紀州博物館

研修道場前

白浜民俗温泉資料館

平草原公園 P.74

白浜スカイライン

緑光台

白浜金閣寺

I

J

白浜署

空港口

白浜空港

南紀白浜空港

展望台下

見る＆歩く

アドベンチャーワールド

地図 p.69-L
♀アドベンチャーワールド下車🚶すぐ

日本で唯一のパンダファミリーをはじめ楽しいアトラクションも勢揃い。動物と自然にふれあえる楽園へ。

🎵 0570-06-4481（ナビダイヤル）
📍 白浜町堅田
🕐 10:00〜17:00（季節により変動あり）
🏠 不定（要問合せ）
💴 5300円
🅿 5000台（普通車1200円）

ジャイアントパンダの世界へ

2016年9月に誕生した雌のパンダ「結浜（ゆいひん）」が大人気。絶滅の危機に瀕するジャイアントパンダを保護すべく、中国成都のジャイアントパンダ繁育研究基地と共同繁殖に努めている。「結浜」をはじめとするジャイアントパンダのファミリーが暮らしているが、じゃれあって遊ぶ姿や、竹を食べているお食事タイムなどを間近で見ることができ、その愛らしい姿は訪れる誰もに笑顔を与えてくれる。

アトラクションを体験しよう！

人間と動物と自然とのふれあいをテーマに、140種、1400頭の動物が暮らし、たくさんの動物と触れあえる。マリンライブではイルカやクジラのダイナミックなライブショーが見られ迫力満点。ほか、ペンギンの食事タイムやパレードを見たり、海の動物にエサをあげたり、陸の動物におやつをあげたりして動物と楽しく過ごすこともできる。

かわいいものがいっぱい
レストラン＆ショップ

パーク内にはレストランやテイクアウトできるお店、ショップも揃う。人気はなんといってもファミリーやキッズに人気のパンダやキリンをモチーフにしたマルシェのカレーなど。そのほか、パンダスイーツやパン工房のパンダパンなども。ショップにはパンダのオリジナルグッズをはじめ、パンダがデザインされたお菓子や雑貨が並ぶ。2024年8月にはセンタードーム・海獣館にジョイランドがオープンした。

白浜の外湯めぐりを楽しむ

白浜の魅力は、温泉をぬきにしては語れない。
眺めが雄大な露天風呂やユニークな造りの風呂など、
気軽に入れる温泉でゆったりとした時間を過ごしてみよう。

崎の湯（さきのゆ）

地図p.68-B
♙湯崎下車🚶5分

　白浜に6つある外湯の
うち、一番の絶景にあるの
がこの崎の湯。雄大な海
に向かって階段状に作ら
れた男女別の露天風呂か
らは太平洋を一望し、ま
るで海の中の温泉に入っ
ているような感覚。潮騒
の音がここちよい。

☎ 0739-42-3016
♙ 白浜町1668
🕐 8:00〜18:00
　（7・8月〜19:00、10〜
　3月〜17:00）
🈭 無休（メンテナンスによる臨
　時休業あり、要問い合わせ）
¥ 500円　🅿 15台

白浜

白良湯（しららゆ）

地図p.69-G
♙白良浜下車すぐ

　白良浜沿い、目抜き通
りの真ん中に位置する町
営温泉は、昭和レトロを
感じさせる立派な木造建
築が目印。風呂は2階に
あるので、窓からの眺め
も最高。

☎ 0739-43-2614
♙ 白浜町白浜3313-1
🕐 14:00〜21:30
🈭 木曜
¥ 420円　🅿 6台

白良浜露天風呂 しらすな（しららはまろてんぶろ）

地図p.69-G
♙白良浜下車🚶1分

　白良浜からその足で、
水着のまま温泉に入るこ
とができる。温泉プール
のような感覚で、気軽に
入れるので、ビーチ遊び
の合間に。

☎ 0739-43-1126
♙ 白浜町864
🕐 10:00〜15:00（5/1
　〜6/30,9/1〜）
　12:00〜17:30（7/1
　〜8/31）
🈭 無休
¥ 無料

牟婁の湯（むろのゆ）

地図p.68-F
♙湯崎下車🚶1分

　昔ながらの共同浴場と
いった風情がある。泉質
の違う砿湯と行幸湯の2
種類を一度に楽しめるの
がここの魅力。砿湯は切
り傷に、行幸湯はリュウ
マチ性疾患などに効果あ
りといわれる。

☎ 0739-43-0686
♙ 白浜町1665
🕐 14:00〜21:30
🈭 火曜
¥ 420円　🅿 5台

南方熊楠記念館
みなかたくまぐすきねんかん

地図 p.69-C
🚶臨海下車 🚶8分

熊楠は、紀州が誇るマルチな奇才。1887年に渡米して以来、キューバ、英国など世界各国を転々としながら、19カ国語を自在に操り、生物学、民俗学、鉱物、文学、宗教学、環境学など学問領域にとらわれない"人間学"を独自に研究し続けた。記念館には熊楠の生涯が数々の遺稿と共に展示されている。

📞 0739-42-2872　📍 白浜町3601-1
🕐 9:00～17:00(入館は～16:30)
🈺 木曜(6/28～6/30、12/29～1/1休、
　7/21～8/31は無休)
💴 600円　🅿 30台

グラスボート

地図 p.69-C
🚶臨海下車 🚶3分

円月島付近をグラスボートで約25分で1周する。船底からは、彩り豊かな熱帯魚やサンゴ、クサフグやグレ等を、1年を通して見ることができる。船の出航は1時間に約2便。

📞 0739-42-2122　📍 白浜町臨海
🕐 8:45～16:10
🈺 無休(天候不良の場合は欠航)
💴 1600円　🅿 40台(3時間300円)

POINT
てくナビ／権現崎の北側付け根に天然記念物の白浜泥岩岩脈の石碑がある。わかりにくいが探してみては。

白浜エネルギーランド
しらはまえねるぎーらんど

地図 p.69-G
🚶白良浜下車 🚶1分

自然エネルギー、錯視錯覚、映像体験の3つをテーマにした施設は、おとなも子どもも体を使って遊べる体験型アミューズメントパーク。なかでも人気なのが、目の錯覚と平衡感覚を応用したミステリーゾーン。映像とジオラマを駆使し、自然エネルギーについてわかりやすく学べる太陽の街もおすすめ。

📞 0739-43-2666　📍 白浜町3083
🕐 10:00～16:30、季節変動あり
🈺 火曜(祝日および春、夏、冬休み期間は開館)
💴 2000円　🅿 300台

白浜海中展望塔
しらはまかいちゅうてんぼうとう

地図 p.68-B
🚶新湯崎下車 🚶1分

ホテルシーモアの沖に設けられた海中展望塔は、水深8m。透明度が高い日には海中世界を遠くまで見渡すことができ、ベラやイシダイ、ボラ、ウツボなど、白浜でおなじみの魚達が悠々と回遊している光景を楽しめる。

📞 0739-43-1100　📍 白浜町1821
🕐 9:00～16:30(最終入場16:00)　🈺 無休
💴 800円、3歳～小学生500円　🅿 200台

千畳敷
せんじょうじき

地図 p.68-A
♀千畳口下車 🚶 5分

　長年の海の浸食によって削られた白い砂岩は、まさに文字通りの千枚畳。瀬戸崎の先端から、太平洋に向かってスロープ上に張り出した広大な舞台にたたずめば、爽やかな海風の中で、地平線に沈む絶景の夕日を堪能できる。

📍 白浜町千畳敷　🈹 無休　💴 無料
🅿 30台　＊ 見学自由

紀州博物館
きしゅうはくぶつかん

地図 p.68-F
♀平草原下車 🚶 1分

　小高い丘の上に峠の茶屋のように建つこの施設は、教養を深めようとする大人のための博物館。故小竹林二氏の個人コレクションに、学芸員が独自の発想と切り口でストーリー性を持たせ、個性的な企画展を行っている。受付で申し出れば、学芸員から、展示品にまつわる“生きた”解説を受けながら館内を巡ることも可。

📞 0739-43-5108　📍 白浜町 2054-4
🕐 10:00〜16:00　🈹 水・木曜
💴 700円　🅿 20台

三段壁洞窟
さんだんへきどうくつ

地図 p.68-E
♀三段壁下車 🚶 1分

　海に直立する高さ50〜60mの絶壁が三種の岩からなっていることから、この名前がつけられた。地上からエレベーターで降りて行くと、地底36mの地点に牟妻大辯財天が祭られており、周囲は回廊式の洞窟。

📞 0739-42-4495　📍 白浜町三段 2927-52
🕐 8:00〜17:00（最終入場16:50）　🈹 無休
💴 1500円　🅿 50台　＊ 地上は見学自由

白浜

白浜美術館と歓喜神社
しらはまびじゅつかんとかんきじんじゃ

地図 p.69-H
♀阪田山下車 🚶 3分

　男神女神結合像やラマ教、密教の秘仏など他では見られない彫像・画像などを展示。隣接の歓喜神社は夫婦和合の神様。

📞 0739-42-2589　📍 白浜町 1-1
🕐 8:30〜17:00　🈹 12/29〜30、6/29〜30
💴 500円　🅿 15台

円月島
えんげつとう

地図 p.69-C
🚏 臨海下車 👟 5分

　夏は18:30頃、冬は16:30頃、島の中央部にぽっかり空いた穴に夕日がぴたりと収まることで知られる円月島。正式名称"高島"は、南北130m、東西35m、高さ25mの小さな島だが、海蝕で円形に穴があいたそのユニークな姿は、白浜のシンボル。

📍 白浜町臨海　🅿 なし(路肩)
＊ 見学自由

POINT
てくナビ／ここから番所崎の灯台まで行ってみよう。灯台前広場の展望塔からは360度のパノラマが楽しめる。

平草原公園
たいらそうげんこうえん

地図 p.68-J
🚏 平草原下車 👟 すぐ

　高台にある公園からは、白浜の町並みが一望できる。緑あふれる園内には約2000本の桜並木や、サザンカなどがあり、四季折々の花々を愛でることができる。また、園内3カ所の4500㎡の芝生広場は開放感いっぱいで、お花見やピクニックに最適だ。

📞 0739-43-6588(白浜町観光課)
📍 白浜町2054-1
🕐 8:30～17:00
休 無休
🅿 60台

貝寺 本覚寺
かいでら ほんかくじ

地図 p.69-G
🚏 瀬戸の浦下車 👟 5分

　浄土宗鎮西派知恩院の末寺。別名貝寺とも言われ、歴代の住職たちが集めた珍種の貝約1000点が所蔵されている。白浜で発見された「ホンカクジヒガイ」はこの寺の名前からとった名前。本尊の阿弥陀如来尊像、本覚寺縁起絵巻などを所蔵し、俳人・歌人の歌碑なども見られる。

📞 0739-42-3771
📍 白浜町瀬戸627
🕐 展示室7:00～16:30
休 無休　💴 志納　🅿 10台

京都大学白浜水族館
きょうとだいがくしらはますいぞくかん

地図 p.69-C
🚏 臨海下車 👟 1分

　京都大学の臨海実験所が公開を始めて86年、南紀の海の生物ばかり約500種を展示してい

る。なかでも、背骨がない無脊椎動物の種類の多さは国内トップクラス。15種以上のウニや、18種以上のヒトデを展示するなど、水族館ファンの間でもマニアックすぎると話題に。海の生物をディープに学べる水族館だ。

📞 0739-42-3515
📍 白浜町459
🕐 9:00～17:00(入館は～16:30)
休 無休
💴 600円
🅿 30台

食べる＆買う

レストラン珊瑚礁
レストランさんごしょう

地図 p.69-C
♀臨海下車 👟すぐ

活イセエビ・活魚・活貝など獲れたての素材が味わえる。円月島を眼前に、全席から雄大な太平洋が眺められ、本場紀州の活イセエビを丸ごと1匹塩焼きにした伊勢海老ランチは3850円、好みの調理方法でイセエビを定食にした特選珊瑚礁定食5500円〜、天然本クエ鍋9900円〜など。

📞 0739-42-4357
📍 白浜町500-1
🕐 11:00〜19:30LO
　（17:00以降は要予約）
🈶 水曜
💴 伊勢海老会席9900円〜
　（写真）
🅿 15台

㐂楽
きらく

地図 p.69-G
♀旭が丘下車 👟1分

珍しい季節の食材を独自のアレンジで食べさせてくれる。天然クエ鍋、ウツボのお造りや、ボラの卵の煮物、カツオのハラミ、ヒラメのエンガワの唐揚げ、葉わさびを巻いた葵寿司など、どれもこれも好奇心をそそられる。

📞 0739-42-3916
📍 白浜町890-48
🕐 11:00〜14:00、
　16:00〜21:00
🈶 火曜
💴 熊野路どんぶり1600円
🅿 8台

福菱
ふくびし

地図 p.69-G
♀桟橋から 👟3分

白浜を代表する銘菓店。かげろうは、ふわっとした生地にバタークリームが挟まれている。口の中に広がる柔らかい食感が人気。店の上の工場で柚子の皮むきから作っているという、柚子もなか（12個入り650円）もおすすめの一品。ほかに本店限定の生かげろうも好評。

📞 0739-42-3128
📍 白浜町1279-3
🕐 8:00〜18:00
🈶 無休
💴 かげろう10個入り1200円
🅿 20台

とれとれ市場
とれとれいちば

地図 p.69-L
♀とれとれ市場下車 👟1分

総敷地面積1万5000坪。鮮魚コーナー、加工品コーナー、お土産コーナー、食事ができる市場横丁などで構成されている。生マグロの解体も。

📞 0120-811-378
📍 白浜町堅田2521
🕐 8:30〜18:30
🈶 不定
🅿 777台
http://www.toretore.com/

白浜

Kagerou Café
かげろうかふぇ

地図 p.69-G

桟橋から 🚶 3分

　和菓子の福菱が、本店に併設でオープンしたカフェ。海の見えるテラスもあり開放感あふれる。本店限定発売の生かげろうなどスイーツはもちろんのこと、食べやすさにこだわったヒレカツサンド1200円やイタリア仕込みのポロネーゼ1200円などが人気だ。

📞 0739-42-3129
📍 白浜町1279-3
🕐 8:00～18:00（17:30LO）
🈳 無休（臨時休業あり）
💰 生かげろう160円、コーヒー450円～
🅿 20台

活魚・鍋料理 風車
かつぎょ・なべりょうり ふうしゃ

地図 p.68-F

まぶ湯から 🚶 3分

　希少価値の高い天然本クエにこだわる店。鍋を中心にクエの刺身・唐揚げから雑炊まで楽しめるコース料理を用意している。1人前1万8700円の鍋は、脂ののったハラミ「クエトロ」入り。霜降り魚身といわれ、上品な旨みとコクのある味わいの逸品だ。予約制で2名から。民宿も営んでいる

📞 0739-42-4498
📍 白浜町2319-6
🕐 17:00～21:00
🈳 火・水曜
💰 天然本クエ鍋1万2100円～
🅿 15台

TEKU TEKU COLUMN

コラーゲンたっぷりで女性に人気の高級魚クエ

　クエは、本州中部以南に生息し、全長が60cm～1m、体重が20～50kgもある巨大な海水魚。水深50m位の磯におり、なかなか獲れないことから「幻の魚」と呼ばれている。夏に抱卵する魚で、その時期のものが最も栄養価が高いという。グロテスクな魚だが、程よく脂が乗った白身はくせがないあっさりとした味わい。内臓、皮や軟骨まで食べられ、捨てるところがない。鍋料理がおすすめだが、刺身にしても弾力ある白身はおいしい。

　また、ゼラチン質がたっぷりの皮やアラはコラーゲン豊富で女性に人気が高い。白浜では、天然の紀州本クエから、近年では養殖技術も進み、いつでも、クエ三昧の料理を楽しめる。

白浜で泊まってみたい人気の宿

温泉自慢、料理自慢など白浜の宿の魅力は尽きない。
雰囲気やロケーションなども考えて、お気に入りの
宿を選ぼう。

浜千鳥の湯 海舟
はまちどりのゆ かいしゅう

地図p.68-B
草原の湯下車🚶1分

海に突き出した岬の上に立つ。露店風呂付き客室は、源泉かけ流しの離れと、モダンな和洋室（沸かし湯）のタイプがある。海際には混浴露天風呂があるほか、貸切露天風呂や大浴場があり2種類の源泉を楽しめる。夕食は、季節の趣好会席と紀州舟盛会席から選べる。

📞 0739-82-2220
📍 白浜町1698-1
💴 1泊2食付き2万1900円〜
ℹ️ 開業平成19年／109室　🅿 80台
http://www.hotespa.net/hotels/kaisyu/

↑昼は海の青さを、夜は満天の星空を愛でる

↑海の幸をたっぷりと盛り込んだ夕食

↑潮騒が心地よいオーシャンビューの部屋

白浜

白良荘グランドホテル
しららそうグランドホテル

地図p.69-G
白浜バスセンター下車🚶すぐ

白良浜の眺めを独り占めするような絶好のロケーションにある近代的ホテル。全室オーシャンビューの明るい客室も、夜になると沖の漁火を望み、ロマンチックなムードに。朝7時からは、地元の名産品を集めた朝市を開催。

📞 0739-43-0100
📍 白浜町868
💴 1泊2食付き2万3670円〜
ℹ️ 開業昭和43年／100室　🅿 50台
http://www.shiraraso.co.jp/

←部屋からも露天風呂からも白良浜が一望できる。創作会席料理も人気で満足度の高い宿

ホテル シーモア

地図p.68-B
新湯崎下車🚶1分

紀州梅を漬け込む際に使っていた樽を露天風呂にアレンジした、梅樽温泉"吉宗公の湯"が好評のホテル。梅樽温泉の梅樽は、男湯で7つ、女湯で5つあり、湯につかりながら太平洋に沈む雄大な夕日が一望できる。2018年3月にリニューアルした。

📞 0739-43-1000
📍 白浜町1821
💴 1泊2食付き2万8120円〜
ℹ️ 開業平成元年／164室　🅿 200台
http://www.seamore.co.jp/

←左が梅樽温泉。眼下に広大な海が見える。料理内容は季節によって変わる

串本・太地

荒波が作り出した雄大な海岸美を楽しむ

本州最南端の町、串本には橋杭岩をはじめ海の眺めが美しいところが多い。バスの便が少ないが、事前に時刻をチェックして、紀伊大島の海金剛や樫野埼灯台、潮岬、串本海中公園などを訪ねてみたい。また、絵画に興味のある人は、無量寺の串本応挙芦雪館がおすすめ。重要文化財の墨画襖絵55面を収蔵するなど、質量とも圧巻。

 HINT

串本・太地への行き方

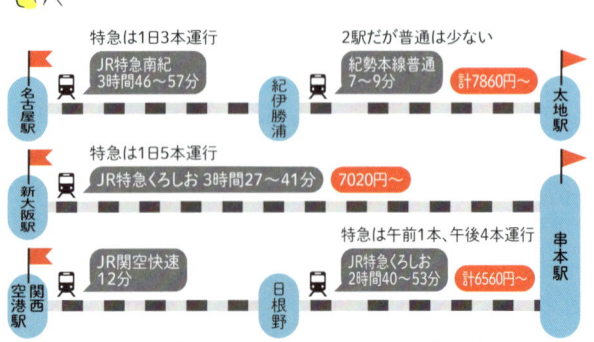

※串本〜太地間はJR特急くろしおで25〜27分、1710円〜。普通列車で25〜38分、420円。新大阪駅〜串本・太地駅間はくろしおも運行（太地は通過する列車がある）。JR特急くろしおは、京都駅始発の便もある。

エリアの魅力

歩く楽しみ
★★
温泉
★★
マリンレジャー
★★★★★

必見スポット：
橋杭岩 p.79
無量寺 p.79

標準散策時間：2時間
（橋杭岩〜無量寺）

問い合わせ先

串本町観光協会
0735-62-3171

レンタサイクル

串本町観光協会
3時間まで1500円、
1日（8:30〜17:00）
2000円

タクシー情報

串本タクシー
0735-62-0695
大島タクシー
0735-65-0139

タクシー料金の目安

串本駅前
〜橋杭岩820円
〜潮岬2710円
〜大島港3160円

はじめの一歩の進め方＆まわる順のヒント

　観光名所で徒歩圏内にあるのは、無量寺の串本応挙芦雪館と、片道約30分で行ける橋杭岩。あとはバス利用だが、潮岬行きは1時間にほぼ1便。紀伊大島にある樫野崎灯台口行きと海中公園行きは、ともに午前中3便、午後3便。串本海中公園へは無料の送迎バス。

　バスで♀串本駅から潮岬や樫野埼灯台、海中公園の各方面へ行った場合、すべて路線が違うので帰りは一度♀串本駅へ戻ってから次の路線に乗り換えることになる。太地の観光名所へ行く場合、電車より、JR紀伊勝浦駅からバスか遊覧船を利用した方がいい。

イルカと握手したり、キスをしたり、一緒に泳いだりできる**ドルフィン・ベイス**
地図p.80
☎ 0735-59-3514

見る＆歩く

橋杭岩
はしくいいわ

地図p.79-A
串本駅から🚶25分、または串本駅前からコミュニティーバス佐部・上田原線で♀橋杭岩下車🚶すぐ

　この奇観は、波の侵食により岩の硬い部

分が残ってできたもの。伝説では、弘法大師が大島へ渡るため天邪鬼（あまのじゃく）に橋を架けさせたが、疲れた天邪鬼が鶏の声をまねて鳴いたため、大師は夜が明けたと勘違いし、橋造りも中止したという。駐車場には道の駅「くしもと橋杭岩」がある。

📍 串本町橋杭　🅿 60台
＊ 見学自由　ライトアップ11月初旬

無量寺
むりょうじ

地図p.79-B
串本駅から🚶10分

　1707年の宝永地震による津波で流された無量寺が1786（天明6）年に再建され、その新築祝いに住職の友人の円山応挙が、弟

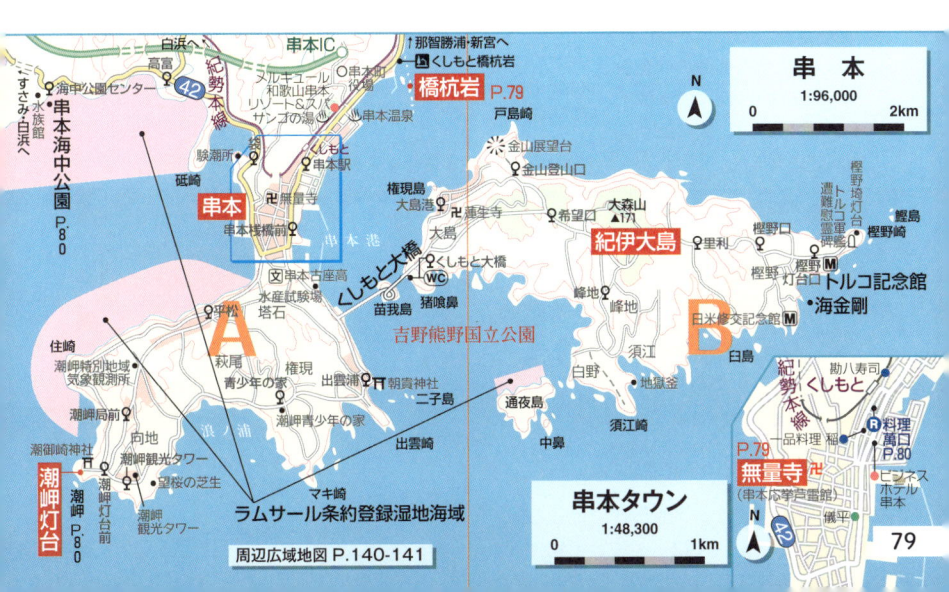

子の長沢芦雪に託して襖絵12面などを寄贈。訪れた芦雪は滞在し、龍虎図など描き残した重文の襖絵が55面ある。

- 🎵 0735-62-6670（串本応挙芦雪館）
- 📍 串本町串本833 🕐 9:30～16:30 🈺 不定休
- 💴 本館・本堂・収蔵庫セットで1300円。雨天時は本館・本堂のみ公開で700円
- 🅿 15台 ＊境内自由

潮岬
しおのみさき

地図 p.79-A
串本駅前からコミュニティーバス潮岬線で🚏潮岬灯台前下車、🚶2分で潮岬灯台

潮岬は東経135度46分、北緯33度26分で本州最南端の地。潮岬の先端には、かつて海軍の望楼があったことから望楼の芝と呼ばれる芝地が広がる。近くの潮岬灯台は、明治3年に我が国初の洋式木造灯台として灯を点し、現在の灯台は石造り。

- 🎵 0735-62-0810（潮岬観光タワー）
- 📍 串本町潮岬2877
- 🕐 潮岬灯台は9:00～17:00
- 💴 200円 🅿 50台（300円）

串本海中公園
くしもとかいちゅうこうえん

地図 p.79-A
串本駅前からコミュニティーバス和深線で🚏海中公園センター下車、🚶1分。定時運行の無料送迎シャトルバスあり

串本のサンゴの海を、水族館や海中展望塔、海中観光船を通じて楽しく学べる臨海テーマパーク。水中トンネルや毎日開催の子ガメのタッチング体験も人気。

- 🎵 0735-62-1122 📍 串本町有田1157
- 🕐 9:00～16:30（入場は～16:00）🈺 無休
- 💴 入場券（水族館・海中展望塔）2000円、乗船券（海中観光船）1900円、入場券と乗船券のセット券2800円
- 🅿 200台

食べる

串本、太地とも海の幸を食べさせる店が多い。串本はイセエビで知られ、太地はクジラ料理で有名だ。

串本駅周辺／割烹・海鮮料理

料理 萬口
りょうりまんこう

地図 p.79-B
串本駅から🚶すぐ

名物のかつお茶漬けを求めて昼食時などは行列ができるほど。薄切りのかつおを白ごまとみりんで作った秘伝のタレに漬け込み、1杯目は（そのまま）どんぶりで、2杯目はお茶漬けで。ほかに萬口定食、刺身盛合せなども。

- 🎵 0735-62-0344
- 📍 串本町串本42-17
- 🕐 11:30～21:30
- 🈺 水曜（祝日の場合は翌日）
- 💴 かつお茶漬け1450円
- 🅿 5台

太地
1:44,000
0　　　　800m

新宮へ / 森浦湾 / 花いろどりの宿 花游 / くじら浜桟橋前 / 石垣記念館 / くじら浜公園 / くじら館 / 南紀パシフィックヴィラ / 太地温泉 / P.79 ドルフィン・ベイス / 有本 / M くじらの博物館 / いさなの宿白鯨 / 白鯨前 / 太地 / くじらのモニュメント / 腰細公園 / 飛子神社 / 道の駅 たいじ / 太地町役場前 / 太地町役場 / 紀勢本線 / 森浦 たいじ / 森浦 / 民宿庄司 / 漁協前 / 太地港 / 大地湾 / 金比羅神社 / 燈明崎 / たいじ / 太地駅 / たいじ / 串本へ / 串本へ / 東明寺 / 鯨浜前 / 平見公園 / 平見公園 / 落合博満野球記念館 / 高塚

紀伊勝浦

エリアの魅力

歩く楽しみ
★★
温泉
★★★★★
味・みやげ
マグロ・クジラ料理、
魚介類加工品

必見スポット：
紀 の 松 島 め ぐ り
p.82

標準散策時間：1時間
（観光桟橋〜島めぐ
り〜観光桟橋）

マグロでお腹を満たし、温泉で心と身体を癒す

　勝浦は、年間約1万のマグロの水揚げがある我が国有数のマグロ基地。町中の飲食店ではマグロを売りにした店が多い。温泉好きな人にはホテルなど、指定された那智勝浦町・太地町の7カ所の温泉のうち、2カ所に入れるお得な「湯めぐりチケット」1500円がある。

問い合わせ先

那智勝浦駅観光案内所
☎0735-52-5311
南紀勝浦温泉旅館組合
☎0735-52-0048
熊野御坊南海バス紀伊勝
浦駅前きっぷ売り場
☎0735-52-0692
紀州勝浦漁業協同組合
☎0735-52-0951

!HINT

紀伊勝浦への行き方

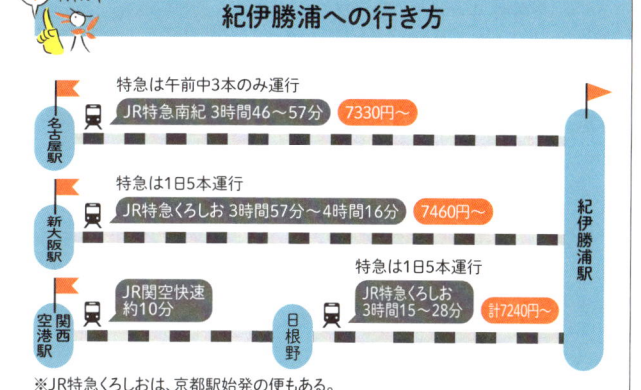

名古屋駅　特急は午前中3本のみ運行
🚃 JR特急南紀 3時間46〜57分　7330円〜

新大阪駅　特急は1日5本運行
🚃 JR特急くろしお 3時間57分〜4時間16分　7460円〜

関西空港駅　🚃 JR関空快速 約10分　→ 日根野　特急は1日5本運行
🚃 JR特急くろしお 3時間15〜28分　計7240円〜

紀伊勝浦駅

※JR特急くろしおは、京都駅始発の便もある。

タクシー情報

熊野第一交通勝浦営業所
☎0735-52-2525
クリスタルタクシー勝浦
営業所
☎0735-52-0444

タクシー料金の目安

紀伊勝浦駅〜那智山〜紀
伊勝浦駅約9000円

!HINT

はじめの一歩の進め方＆まわる順のヒント

駅を出た1階（改札口は2階）に那智勝浦観光案内所がある。那智

山や新宮方面、太地方面など観光の拠点になるので、目的のエリアの情報をここで入手しよう。また、熊野御坊南海バスのきっぷ売り場も駅のすぐ前にあり、路線バスや定期観光バスはこの駅前から発着。

勝浦の町はほとんど徒歩圏内。ホテル中の島やホテル浦島も、紀伊勝浦駅から歩いて5分ほどの観光桟橋から無料の専用船が出ている。また、那智山へのバスは、紀伊勝浦駅が始発。

見る＆歩く

紀の松島めぐり
きのまつしまめぐり

地図 p.83-A、B

勝浦港沖に浮かぶ大小の島々は、紀の松島と呼び讃えられる景勝地。ラクダ島、ライオン島、洞窟の鶴島など、変わった名の島々を遊覧船から眼前に眺めながら、外洋まで周遊してみよう。天気がよければ、那智の滝も遠望できる。観光桟橋のほか、ホテル浦島、中の島からも乗船できる。

♪ 0735-52-8188
🕐 1日5〜6便出航。Aコース15:20発便は、ドルフィン・シーコース（土・日曜のみ）。天気がよければ島めぐりの後でイルカのショーが見られる。
¥ Aコース（観光桟橋〜島めぐり〜太地くじら浜公園〜観光桟橋）1800円、子ども900円
Ｐ なし

食べる＆買う

紀伊勝浦駅周辺／みやげ
勝浦海産物センター
かつうらかいさんぶつせんたー

地図 p.83-A
紀伊勝浦駅から🚶 1分

勝浦港で揚がった海産物を中心に販売している。マグロの量り売りは、メバチマグロ

で500g 3500円ぐらいが目安。加工品の一番人気は、マグロ角煮。ほかにマグロかま煮、サンマ姿煮2尾や梅干し、紀州の地酒などもある。

♪ 0735-52-4545
📍 那智勝浦町築地5-1-1
🕐 8:00〜17:00
🛑 無休
Ｐ 16台

紀伊勝浦駅周辺／まぐろ料理
竹原
たけはら

地図 p.83-A
紀伊勝浦駅から🚶 3分

マグロの本場で、生のクロマグロ（本マグロ）にこだわる

店。まぐろ定食は、赤身と中トロが切り身の厚い「下駄の歯

造り」で盛られており、豪快にマグロの味を堪能できる。また、知り合いの漁師さんから仕入れるというマグロの内臓や尾ヒレといった珍味も味わってみたい。

理でマグロを堪能できる。ほかにクジラや熊野牛、サンマ寿司なども。まぐろづくし定

食にはマグロの刺身、カツ、燻製フレーク、オイル煮サラダなどが付く。

- 📞 0735-52-1046
- 📍 那智勝浦町築地 2-3-10
- 🕐 11:30〜20:00（19:30LO）
- 🚫 無休
- 💴 まぐろづくし定食 2000円
- 🅿 6台

P.82 勝浦海産物センター

紀伊勝浦駅周辺／鮨

八雲鮨 勝浦店
やくもずし かつうらてん

地図 p.83-A
紀伊勝浦駅から 🚶 5分

マグロ赤身、クジラ1カン時価〜ながら、高級店とはいえ値段はいたってリーズナブルなのでご安心を。ネタの質の良さも評判だ。にぎりの並は1400円、上は2700円、特上は3800円。平日はにぎりのランチが時価で食べられる。

- 📞 0735-52-3101
- 📍 那智勝浦町勝浦 371-21
- 🕐 12:00〜13:30、17:30〜20:30LO
- 🚫 水・木曜（GWなど大型連休時は営業）
- 💴 にぎり並1400円 🅿 なし

和・イタリア料理／勝浦港周辺

まぐろ三昧那智
まぐろざんまいなち

地図 p.83-A
紀伊勝浦駅から 🚶 3分

有名フレンチレストランの元シェフが勝浦特産のマグロ料理をプロデュース。和と地中海の技法が盛られた創作料

船に乗って露天風呂めぐり

勝浦の名所ともいえる特色のある
海の露天風呂に浸ってみよう

→岬に建つホテル浦島
↓神秘的な雰囲気のある忘帰洞

　勝浦港沖に浮かぶホテル中の島と、岬にあるホテル浦島は、どちらも観光桟橋から出る専用船（無料）に乗って向かう。

　島全体がホテルになっているホテル中の島は6本の源泉を持ち、1日800tの湯量を誇る。海際にある露天風呂の「紀州潮聞之湯」は、透明だったり白濁したりと、日によって色が異なる不思議な湯。海と空の雄大な眺めも魅力だ。

　ホテル浦島は12本の源泉を持ち、5カ所が掛け流しで、ここだけでさまざまな湯めぐりが楽しめる。ただし、敷地は広大で6湯全部を回るには、移動だけで40分ぐらいはかかる。

　最も人気がある忘帰洞は、大正時代初めに来遊した紀州徳川家当主の頼倫公が「帰るのを忘れそうだ」という心情から名づけたもので、天然の洞窟を利用し、彼方まで広がる熊野灘の眺めが素晴らしい。6月中旬には、海に向かった正面から朝日が昇る。

ホテル浦島　　p.83-A
♪ 0735-52-1011
🕐日帰り入浴9:00〜19:00（受付〜18:00、ただし忘帰洞は10:00〜13:00の間は入れない）。1500円
¥1万6005円〜（1泊2食付き、税・サ込）　P400台

ホテル中の島　　p.83-B
♪ 0735-52-1111
¥3万2350円〜（1泊2食付き、税・サ込）
Pあり（中の島案内所にて誘導）

→中央の島がホテル
中の島
↓潮騒を聞きながら
浸れる紀州潮聞之湯

伊勢
二見浦
松阪

伊 勢

一度は行きたいお伊勢さん参り

　伊勢神宮のある伊勢へは、一生に一度は行きたいと『伊勢音頭』に歌われ、かつては「おかげ参り」と呼ばれる参宮ブームが巻き起こり(p.102参照)、2013年の第62回式年遷宮でも多くの人を集めた。

外宮参道の入口

HINT

伊勢への行き方

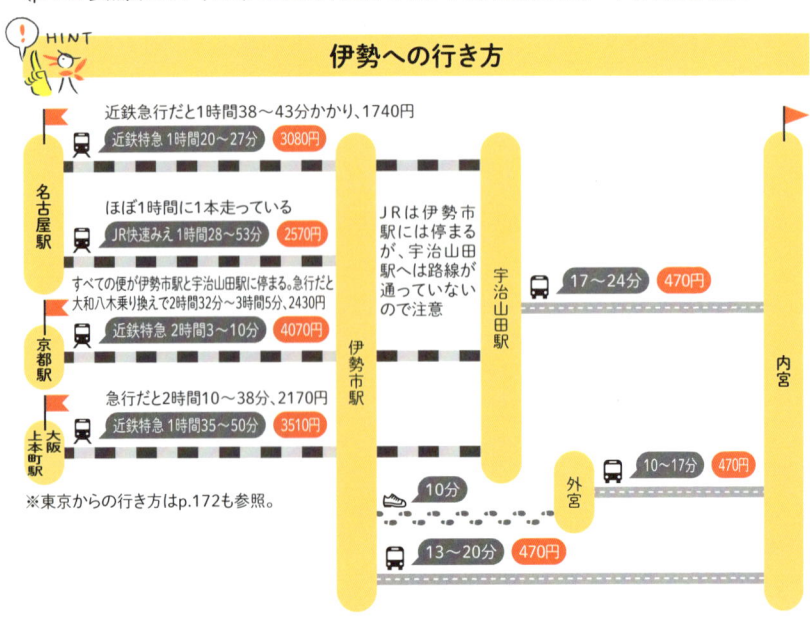

近鉄急行だと1時間38〜43分かかり、1740円
近鉄特急 1時間20〜27分 3080円

名古屋駅

ほぼ1時間に1本走っている
JR快速みえ 1時間28〜53分 2570円

JRは伊勢市駅には停まるが、宇治山田駅へは路線が通っていないので注意

宇治山田駅 17〜24分 470円

すべての便が伊勢市駅と宇治山田駅に停まる。急行だと大和八木乗り換えで2時間32分〜3時間5分、2430円
近鉄特急 2時間3〜10分 4070円

京都駅

伊勢市駅

急行だと2時間10〜38分、2170円
近鉄特急 1時間35〜50分 3510円

大阪上本町駅

10分

外宮 10〜17分 470円

13〜20分 470円

内宮

※東京からの行き方はp.172も参照。

はじめの一歩の進め方

伊勢市駅か宇治山田駅で下車したら、まず最新の観光情報や各種割引券を入手するため、駅構内にある観光案内所に立ち寄ろう。外宮前にも観光案内所がある（地図p.92-F）。外宮は、伊勢市駅から歩いて約10分。内宮へはバスなどを利用するほか、近鉄普通（急行・快急も）電車で五十鈴川駅まで（宇治山田駅〜五十鈴川駅約2分、180円）行き、そこから約30分歩く、という方法も。道中は緑が多い。

● JR・近鉄伊勢市駅

南口に出て左に「伊勢市駅手荷物預かり所」（1個600円）がある。レンタサイクルもここで借りられる。駅構内にはコンビニがあり、

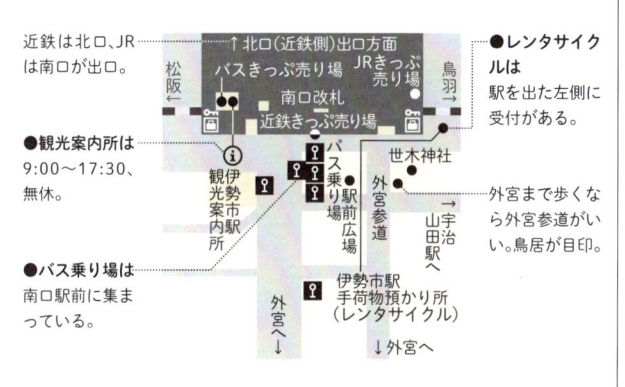

近鉄は北口、JRは南口が出口。

●観光案内所は
9:00〜17:30、無休。

●バス乗り場は
南口駅前に集まっている。

●レンタサイクルは
駅を出た左側に受付がある。

外宮まで歩くなら外宮参道がいい。鳥居が目印。

人気のみやげものも買える。バス乗り場は駅前すぐ。

●伊勢から鳥羽・志摩へ

鳥羽へは宇治山田駅からは約30分毎に運行している近鉄の普通電車が便利（普通：14〜15分、360円）。伊勢市駅からはJR参宮線も1時間に1〜3本運行している（約13〜20分、240円）。バスは伊勢市駅、宇治山田駅から1日3便（土・日曜、祝日は2便）の41系統の伊勢鳥羽線770円か、1時間にほぼ1便運行しているCANばす910円がある。賢島など、志摩方面へ移動する場合も近鉄電車が便利。

問い合わせ先

外宮前観光サービスセンター
♪0596-23-3323
伊勢市駅観光案内所
♪0596-65-6091
宇治山田駅観光案内所
（リモート対応）
宇治浦田観光案内所
（リモート対応）
三重交通バス（伊勢営業所）
♪0596-25-7131

レンタサイクル

外宮前観光サービスセンター：
♪0596-23-3323
伊勢市駅前手荷物預かり所：
♪0596-65-6861
二見浦観光案内所：
♪0596-43-2331
¥4時間800円、4〜8時間（1日）1000円、電動アシスト4時間1500円、1日2000円
🕘9:00〜17:00（外宮前と二見浦は8:30〜16:30）

タクシー情報

三交タクシー（伊勢）
♪0596-28-2151
三重近鉄タクシー（伊勢エリア）
♪0596-28-3171

タクシー料金の目安

宇治山田駅

〜外宮	780円
〜内宮	1770円
〜二見	2850円
〜鳥羽	5910円

伊勢

TEKU TEKU COLUMN

伊勢鳥羽みちくさきっぷ

有効期間中、指定区間内のCANばすと参宮バス、神都バス、路線バスを何度でも乗り降りできるフリーきっぷ。1DAY：大人1200円、2DAYS：大人1800円（1DAYと2DAYSで一部フリー区間が異なる）。現金払いだと、宇治山田駅〜内宮前（470円）、内宮前〜夫婦岩東口（740円）。鳥羽まで（910円）行くと180円のおトクに。主要観光施設の1〜2割の割引特典付き。

エリアをつかむヒント

Ⓐ 伊勢神宮外宮

内宮に祭られている天照大神の食事を司る神・豊受大御神を祭る。「せんぐう館」では伊勢神宮について短時間で学べ、参拝がより興味深くなる。伊勢市駅からは徒歩10分。外宮手前の観光案内所で、ボランティアの無料ガイドも頼める。参拝の所要時間は1時間ほど。外宮前には飲食・みやげの豊恩館がある。

Ⓑ 伊勢市駅

JR、近鉄が利用できる伊勢の玄関口のひとつ。外宮には徒歩10分ほどだが、内宮にはここからバスを利用、所要12〜20分ほど。駅周辺にはあまり店は多くはない。

Ⓒ 河崎

かつては伊勢の台所と呼ばれ、勢田川を利用した舟運で栄えたエリア。今でも古い蔵など往時の街並みが残り、川岸の散歩を楽しめる。河崎の歴史を伝える伊勢河崎商人館や蔵を利用したレストランがある。冬期を除く第1・3日曜日には、江戸時代の船参宮を偲ばせる遊覧船が走る。

Ⓓ 倉田山

神宮の歴史や文化、祭について学べる神宮徴古館などの博物館や、広々とした倉田山公園があるエリア。隣のエリアには、日本最古の厄除観音といわれる松尾観音寺がある。♀徴古館前から古市、猿田彦神社にかけては参宮街道の面影が残っている。内宮まで徒歩で1時間ぐらい。

Ⓔ 近鉄宇治山田駅

駅構内にショッピングモール「Time's Place うじやまだ」があり、各種みやげものを扱う店や食事処が揃う。駅構内にコインロッカーがある。

Ⓕ 五十鈴川駅

近鉄利用の場合の内宮、古市への最寄り駅だが、駅前をバスが発着するぐらいで、観光の要素は少ない。古市までは歩いて約15分。

Ⓖ 古市

伊勢参りの人々が精進落としをした遊郭のあったエリア。太平洋戦争中の空襲で街並みのほとんどが失われたが、寂照寺や大林寺、旅籠の面影を残す旅館麻吉などが建っている。

麻吉は麻吉歴史館として、当時の食器や軸物などを旅館利用者に公開。また、伊勢古市参宮街道資料館でも当時を偲ぶことができる。

Ⓗ おはらい町

おはらい町は宇治橋前から約800mの参道。伊勢参りの賑わいを取り戻そうと、1970年代に、江戸時代の町並みの保存と再現が着手された。1993年の遷宮の時には、ほぼ形をなし、現在も町造りは進んでいる。内宮の社前におみやげ、飲食の店が集まり、木造・瓦屋根の和風の外観に整えられた通りは、歩くだけでも楽しい。

通りの中ほど、老舗和菓子の赤福の向かいにある「おかげ横丁」（宇治橋から徒歩約5分）は、伊勢路の名品が集まる、とりわけ楽しい一角。江戸時代に紛れ込んだような気持ちで散策ができる。

Ⓘ 伊勢神宮内宮

伊勢観光のハイライト。2013年の式年遷宮の際には1000万人を超える参拝客が集まり、新旧の社殿が並び立つ遷宮の年ならではの景観に触れた。宇治橋を渡った先の神域は広く、神宮の森の中に幾つもの社殿が散在している。参拝の所要時間は1〜2時間は必要。五十鈴川に掛かる宇治橋が内宮の入口だ。

要チェック！3つの名物バス

伊勢二見鳥羽周遊「CANばす」に加え、宇治山田駅前〜伊勢市駅前〜外宮前〜内宮前を結ぶレトロな路面電車型「神都バス」、金剛證寺へのスカイラインルートがある「参宮バス」が運行。問い合わせは三重交通バス伊勢営業所 ♪0596-25-7131

伊勢の町歩き

昔の人は外宮から内宮と伊勢を回り、古市に立ち寄って"アカ"を落とした。今は時間がなければ内宮とおはらい町・おかげ横丁だけを訪ねる人も多い。伊勢の町には長い歴史を物語る道がいくつもあるので、できればのんびり回りたいところ。かつて商業の町として栄えた河崎や、お伊勢参りで賑わった旧参宮街道など、静かな道をゆっくり踏みしめて歩きたい。道中、神宮徴古館などにも立ち寄ってみよう。

●伊勢市駅から外宮まで歩く

駅から外宮へ向かう主な道はふたつある。ひとつはバスやクルマの通りが激しい大通り。この通りには灯籠が並び、外宮まで続いている。もうひとつは**外宮参道**と呼ばれる道で大通りの1本東の

道。みやげもの店や旅館などが道沿いに並び、クルマの通りも少なく静か。それぞれ外宮まで歩いて10分程度なので、行きは大通り、帰りは外宮参道を歩いてもいい。

●伊勢市・宇治山田駅から河崎へ

伊勢市駅北口から河崎町までは歩いて10分程度、宇治山田駅からは15分ぐらいで、そこから勢田川沿いに伊勢河崎商人館あたりまで足をのばす。河崎は、細い道を曲がったり、小さな店に立ち寄ってみたりと、どこを歩いても風情あふれる場所。p.113参照。

●旧参宮街道から内宮を歩く

♀徴古館前から式年遷宮記念神宮美術館と神宮徴古館を背に南に下っていくと、昔の人が、お伊勢まいりで歩いた**旧参宮街道**の道に出る。とても静かな通りで、♀古市(p.112)あたりからは、山々の眺めが良く気持ちがいい。途中、桜木地蔵への案内板のある横道があったり、舗装されていない道があったりと迷いこみたい"誘惑"も多い。道が下り坂になると、猿田彦神社に近づき内宮へ通じる道に出る。旧参宮街道はバスも通っているが、自転車か、歩くほうが風情が感じられる。♀古市から内宮までのんびり歩いて約1時間。

●外宮から内宮へ

♀外宮前からバスに乗って10〜17分で♀内宮前に着く。歩くにはかなりの道のりがあるので、バスがおすすめ。しかし、内宮へ向かう猿田彦神社あたりから、道が混んでくるので、混雑状況によっては♀猿田彦神社前で降りて、歩いたほうが内宮へ早く着く場合もある。

●内宮からおはらい町を歩く

内宮を参拝した後、ぜひ立ち寄りたいのが**おはらい町**とその真ん中にある**おかげ横丁**。昔の伊勢の町並みを再現した建物や、みやげもの屋が並び、歩いているだけで楽しい。店頭でせんべいを焼いていたり、客寄せの声が響いたりと縁日のような雰囲気。

バスをうまく利用しよう

伊勢市駅、あるいは宇治山田駅から出発して、外宮・内宮、河崎をすみずみまで見て回ろうとすると1日がかり。そこで、まず見たいポイント、歩きたい道を確認し、バスをうまく利用してみよう。

観光シーズンの道路状況

GWや夏休み、年末年始など観光客が押し寄せる時期は、内宮方面の道路が混雑する。最も混むのが♀猿田彦神社前から♀内宮前の区間で、バスが渋滞であまり走らないようであれば、♀猿田彦神社前で下車して内宮まで歩いた方がいい。もしくは、♀浦田町行きの01・02系統の伊勢市内線で終点の浦田町下車、おはらい町を歩いて内宮へ行くというルートも。

伊勢の旅先案内人

伊勢市観光協会では、伊勢について詳しく知りたい人のために、「お伊勢さん観光ガイドの会」を紹介。問い合わせ先：外宮前観光サービスセンター ガイド担当 ♪0596-63-6262。申し込み方法：希望日の10日以上前までに予約（外宮に関しては直接観光案内所に行ってガイドさんがいれば案内してもらえる場合もある）。案内時間：8:30〜17:00 ガイド料：無料（ただし案内中の交通費・食事代は別途負担）。

伊勢

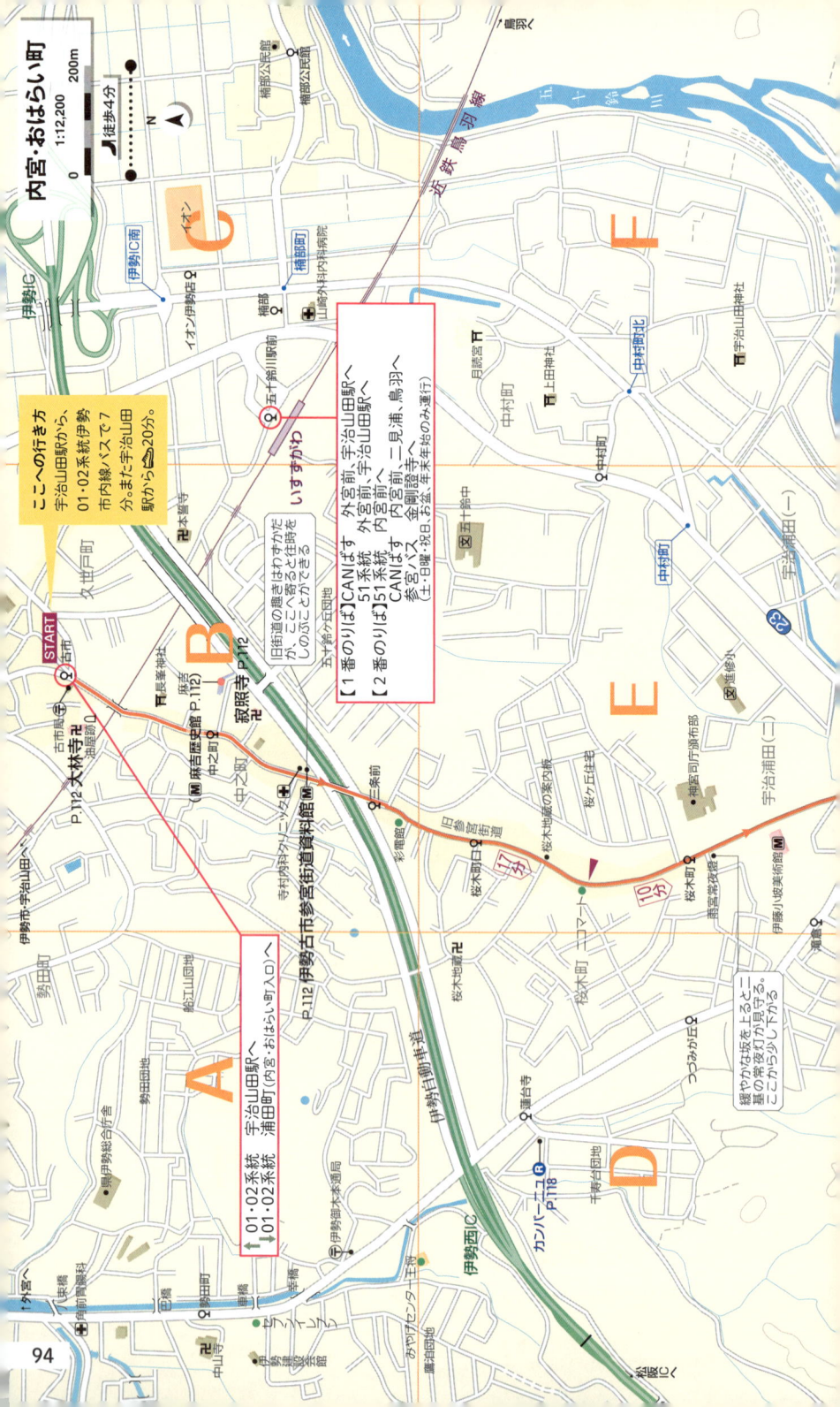

伊勢神宮

外宮と内宮の荘厳な神域

何ごとのおはしますかは知らねども
かたじけなさに涙こぼるる

日本中を旅していた西行法師が、神宮の前でこの歌を詠んだのは９００年近くも昔。伊勢神宮は、２０年に１度の式年遷宮によりみずみずしくあり続け、その姿は決して変えずに、今も私たちの前にある。

八百万の神々の最高位を祀る伊勢神宮

「伊勢神宮」という名称は、実は通称。皇大神宮（内宮）と豊受大神宮（外宮）のふたつの正宮を中心にして、これに所属する別宮、摂社・末社・所管社を総称して「神宮」というのが正式な名称である。

内宮の御祭神は天照大御神。『古事記』や『日本書紀』に伝えられる伊佐奈岐命、伊佐奈弥命より生まれ、八百万の神々のなかで中心をなす神。外宮の御祭神は豊受大御神。天照大御神の食事を司る神で衣食住、産業の守護神である。中世以降、御師と呼ばれる人々の熱心な布教活動により、時代を経るとともに神宮の参宮者の数は増え、今でも「お伊勢さま」と呼ばれて親しまれている。

伊勢神宮のはじまりは疫病の沈静化

時は、第１０代崇神天皇のころ。疫病が流行し、国家滅亡の危機が訪れた。天皇は神を

祀る祭事と、国を治める政事を一緒にしていることがその原因と考え、それらを分離する決意をした。そこで、皇居内に祀られていた天照大御神と倭大国魂神を、それぞれ皇女・豊鍬入姫命、渟名城入姫命に託され、世は平安を取り戻したのである。

全国をめぐった末、伊勢に鎮座

やがて第11代垂仁天皇の御代。笠縫邑に祀られていた天照大御神の祭事が皇女・倭姫命に受け継がれると、倭姫命はさらに良い祭場の地を求め諸国を巡行。伊勢の五十鈴の川上に至った際、天照大御神のお告げによってここを永遠の鎮座の地と定めた。

それから約480年後、第21代雄略天皇22（477）年。天皇は、豊受大御神を丹後国から伊勢・山田が原にお迎えするようにと天照大御神のお告げを受けた。こうして天照大御神・豊受大御神の二大神は伊勢の地に鎮座したのである。

20年に一度の神様のお引っ越し

式年遷宮

伊勢神宮では、毎日様々な祭典が執り行われている。年間千数百回を数える神宮の祭典は、恒例祭、臨時祭、遷宮祭に分けられ、その最大規模のものが式年遷宮である。

式年遷宮とは？

遷宮とは、神社の正殿を造営・修理したり新たに建てた際に、お祀りしている御神体を遷すことで、いわば神様のお引っ越し。式年とは定められた年という意味で、伊勢神宮では20年に一度、2つの正宮と14の別宮の諸社殿を造りかえ、御装束・神宝の一切も新たに調製して、大御神様に新しい御正殿にお遷りいただく、式年遷宮が執り行われている。

式年遷宮の歴史

第40代天武天皇の御発意により、持統天皇4（690）年に第1回式年遷宮が行われたのが始まり。以来1300年以上に渡って綿々と伝統が守り継がれ、平成25年には第62回式年遷宮が行われた。

式年遷宮の祭典・行事

準備は、遷宮の8年前から始められる。最初に執り行われる山口祭の後、クライマックスである遷御（御神体を新正殿にお遷しする儀式）までの間に、およそ30の祭典と行事が営まれる。

→御造営の用材を奉曳する勇壮な御木曳行事。内宮領では川曳きで運ばれる

↑遷御の儀。祭主が太玉串を捧げて厳かに参進

式年遷宮記念 せんぐう館

地図p.92-F
伊勢市駅から🚶5分

平成25年の式年遷宮を記念して、外宮勾玉池の畔に開館。館内では、式年遷宮が

伝えてきた「心」や「技」を資料や正殿の一部原寸模型、遷宮シアターの200インチハイビジョン映像などを使ってわかりやすく展示。神宮や式年遷宮についてより深く知りたいならぜひ立ち寄りたいスポットだ。併設する休憩所から望む景色も美しい。

- 📞 0596-22-6263
- 📍 伊勢市豊川町前野126-1
- 🕐 9:00〜16:30（最終入館16:00）
- 🚫 第2・4火曜（祝日の場合は翌日）
- ¥ 300円
- Ⓟ 434台（外宮駐車場）

写真協力：神宮司庁

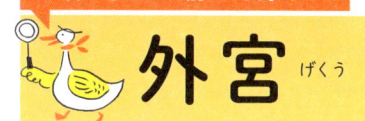

森に抱かれ静けさ漂う

外宮 げくう

地図 p.92-E
伊勢市駅前から🚶10分

天照大御神（あまてらすおおみかみ）の食事を司る神である、豊受大御神（とようけおおみかみ）を祭神とする。衣食住すべてに関わる産業の守り神と崇められている。内宮に比べると、参道は短いが、樹木がうっそうと茂り、ひっそりとしていて厳かな空気を感じられる。

①火除橋（表参道）ひよけばし

火災を防ぐため、神域の外側に巡らされた堀を渡るために架けたもの。

②手水舎 てみずしゃ

参拝前に身を清める場所。柄杓で手と口を清める。

③清盛楠 きよもりぐす

樹齢1000年以上の楠の大木。平安末期、平清盛が参拝に訪れたとき、冠に触れた枝を切らせたという逸話がありこの名がついた。

④外宮神楽殿 げくうかぐらでん

神楽の奉奏やお供えの奉納、祈祷などが行なわれる。平成12年に建て替えられた。

⑤外宮正宮 げくうしょうぐう

外宮の中心で、豊受大御神を祀る正宮は、四重の垣で囲まれており、正殿を中心に四丈殿、東宝殿、西宝殿、御饌殿（みけでん）、外幣殿（げへいでん）などがある。一般の参拝は外玉垣南御門（とのたまがき）の前で行なう（写真左）。

⑥多賀宮 たかのみや

豊受大御神の荒御魂（積極的・活動的な御魂）を祀る。正宮に次ぐ別宮。

⑦土宮 つちのみや

御池の亀石を渡って右手にある別宮。宮川の氾濫を防ぐ堤防守護の神を祀っている。

⑧風宮 かぜのみや

風の神を祀っており、農作物の成長を妨げないよう、天候の順調が祈られている。

⑨火除橋（北御門）ひよけばし（きたみかど）

裏参道の出入口だが、昔、歩いてお伊勢参りをしていた頃はこの場所から外宮に入る人が多かったと伝えられている。

⑩勾玉池 まがたまいけ

6月には花菖蒲が美しく咲き揃い、中秋の名月には特設舞台で観月会が催される。池の畔に「式年遷宮記念 せんぐう館」や休憩所が設けられている。

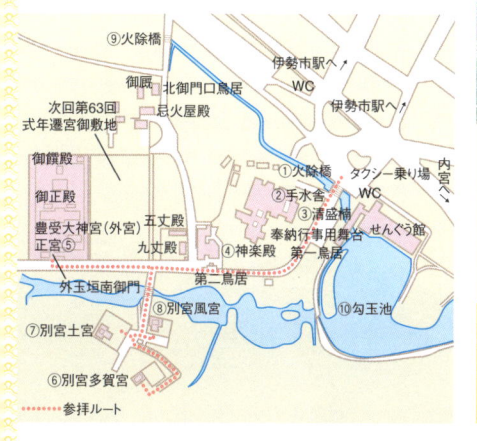

⑨火除橋
御厩　北御門口鳥居
伊勢市駅へ↑
WC
次回第63回
式年遷宮御敷地
↑火除屋殿
伊勢市駅へ↑
御饌殿
御正殿
①火除橋　タクシー乗り場
豊受大神宮（外宮）　五丈殿　②手水舎　WC
正宮⑤　九丈殿　③清盛楠　奉納行事用舞台　せんぐう館
外玉垣南御門　④神楽殿　第一鳥居
第二鳥居　内宮へ↓
⑦別宮土宮　⑧別宮風宮　⑩勾玉池
⑥別宮多賀宮
········ 参拝ルート

📞 0596-24-1111（神宮司庁）
📍 伊勢市豊川町
🕐 1・2・3・4・9月は5:00〜18:00、
　5〜8月は5:00〜19:00、
　10〜12月は5:00〜17:00
💴 無料　🅿 434台

POINT てくナビ／伊勢市駅からはまっすぐにのびる外宮参道を歩く。外宮参道はみやげもの店が並び、いかにも参道の雰囲気がある。

お伊勢参りのシンボル

宇治橋数字づくし

平成25年の遷宮に先駆けて架けかえられた宇治橋。俗界と聖域の架け橋と言われる橋ならではの歴史やエピソードを紹介しよう。

長さ約101.8mの大橋

内宮の五十鈴川に架かる宇治橋は全長101.8m、幅8.4m。檜造りの和橋。欄干の上に16基の擬宝珠（ぎぼし）を据えているが、下流側西から2番目の擬宝珠の中には宇治橋の守り神、饗土橋姫神社（あえどはしひめ）で祈祷された万度麻（まんどぬき）という神札が納められている。また、冬至の日には橋の大鳥居の真ん中から朝日が昇る。

20年に一度架け替え

伊勢神宮最大の祭典が20年に一度の「式年遷宮」（社殿などを新しくし、御神体を御遷しする祭典）。明治以降、宇治橋の架け替えもこの祭典に組み込まれる。戦後は遷宮の年の4年前に架け替えられるようになった。平成25年は第62回式年遷宮。それに先立ち、平成21年、新しい宇治橋に生まれ変わった。

鳥居の木は60年

宇治橋の2つの鳥居には、内宮・外宮のご正殿の棟持柱（むなもちばしら）として20年務めた古材が用いられている。宇治橋鳥居として20年務めた後も内の鳥居は鈴鹿峠のふもとの「関の追分」、外の鳥居は桑名の「七里の渡」の鳥居としてさらに20年使われる。再利用が徹底されているのだ。

原型は1434年

ご鎮座2000年といわれる神宮だが、現在地に橋が架けられたのは鎌倉時代以降。1434（永享6）年に6代将軍足利義教（あしかがよしのり）が寄進した橋が現在の宇治橋の原型という説も。昔は橋が洪水などでよく流されたため、橋祈祷が盛んに行われた。1464（寛政5）年の架橋時には1万3000回もお祓いが行われたという。

年間800万人が渡る

神宮の年間の参拝者数は700〜800万人。20年でざっと1億4千〜6千万人、おおよそ日本の人口に近い人数が渡り、15cmの檜の橋板が6cmも摩滅するという。大勢の参拝者を支える橋には、橋板を並べる作業に「すりあわせ」と呼ばれる船大工独特の造船技術が活かされている。

3代夫婦が渡り始め

新しくなった宇治橋では、渡始式が古式にのっとり行われる。式では旧神領内から選ばれた「渡女」（わたりめ）と呼ばれる老女がその夫、子供夫婦、孫夫婦を従えて渡り始めをするのが習わし。夫婦が3世代そろった家族が渡って橋の長久を願うのである。生まれ変わった宇治橋を渡っての参拝はまた格別だろう。

内宮 ないくう

地図 p.95-K/L
伊勢市・宇治山田駅前から CAN ばす・51・55 系統で
20分、内宮前から🚶1分

祭神は天照大御神。垂仁天皇の時代、皇女倭姫命が各地を巡行し、五十鈴川のほとりを新しい御鎮座の地として選んだのがはじまり。それから約2000年間、厚い信仰を集めている。

①宇治橋 うじばし

内宮への入口、五十鈴川に架かる檜造りの橋で長さは100mほど。遷宮よりも4年前に架け替えられることとなっており、平成21年に新しい橋に架け替えられた（p.100参照）。冬至の日には中心線上に日が昇る。

②手水舎 てみずしゃ

柄杓に水を汲んで左、右の順に手を洗い、その後左手に水を受けて口をすすいで、もう一度左手を洗うのが正しい作法とされている。

③御手洗場 みたらし

五十鈴川畔の玉石が、美しく敷きつめられた石畳。この石畳は徳川綱吉の生母、桂昌院が寄進したものと伝えられる。

④神楽殿 かぐらでん

神楽とは、神に雅楽と舞いを奉納するもの。所要時間は30分～1時間ほど。内宮・外宮それぞれ神楽殿で申し込む。御饌（一般の神社の祈祷にあたる）は5000円～、神楽をあげる場合は1万5000円～。また、お神札、お守りの授与もここで行っている。

⑤内宮正宮 ないくうしょうぐう

参道から25段ほど上がったところに板垣など五重の垣に囲まれて、内宮の祭神・天照大御神を祀る正宮がある。外宮と同様に「唯一神明造」（神宮独特の建築様式）の正殿

が立つ。ただし、外宮正殿の鰹木は9本だが、内宮は10本。外宮の千木は地面と垂直に切られているが、内宮は地面と水平になっているなどの違いがある。

⑥荒祭宮 あらまつりのみや

天照大御神の荒御魂を祀る。正宮に次ぐ別宮。

⑦風日祈宮 かざひのみのみや

風の神である級長津彦命、級長戸辺命を祀る。橋から眺める島路川は、特に新緑や紅葉の時期が美しい。

📍 伊勢市宇治館町1　🅿 261台（1時間無料）
※問い合わせ・参拝時間等、外宮に同じ

……… 参拝ルート

江戸の昔に大ブーム
一度は行きたい！

お伊勢参りの旅

日本の神々の最高位とされる天照大御神を祀る伊勢神宮。その昔「伊勢にゆきたい、伊勢路がみたい、せめて一生に一度でも」と歌われ、多くの人々が長旅の苦労を厭わずに訪れた。文政年間（1818〜1829）は1年間に、日本人の6人に1人がはるばる参拝しに行ったという。一体、江戸の人々は伊勢の何に魅かれ、憑かれたように旅したのか。その旅の道中はどんなものだったのだろう。

文政十三年庚寅春のおかげ参り（重春）

＊1：『おんし』は『おし』とも呼ばれた。

＊2：講とは神仏を祀ったり、寺社に参詣する同行者で組織する団体のこと。

お伊勢参りの宮川の渡しの風景（広重）

お伊勢参りのはじまり

伊勢神宮は、はじめ皇室の御祖神を祀る神社として鎮座したが、時代を経るにつれて、一般庶民の参宮も盛んになっていった。

平安時代から鎌倉時代にかけて、朝廷の衰退にともない、神宮の経済基盤を立て直すために、それまで皇室以外は奉納することができなかったお供えを、権禰宜と呼ばれる神主が一般の人々を代行して行なうようになった。この権禰宜が、後に御師＊1と呼ばれる人々で、神宮のお札や暦を配って全国を渡り歩き、参宮者のために祈祷を行なったり、参宮の案内、宿泊の世話をした。

こうした熱心な御師の布教活動によって全国各地に「伊勢講＊2」が作られ、人々は小銭を積み立て、抽選などで選ばれた代参者を伊勢へ送ったのである。

伊勢講のメンバーは十数軒から数十軒の家のあるじで、みな男性。したがってお伊勢参りをするのは、戸主かその息子たちで男性が中心だった。伊勢講は個人の自由意思によって参宮をするというよりは、地域の代表としての役割が強く、責任も重大だったようだ。当時の道中記を見ると、次に伊勢に行く者の参考になるよう、今でいえば会社の出張報告のように書かれており、その間の娯楽（古市の遊廓の話など）にはほとんど触れられていないことからも、その立場の重さを垣間見ることができる。

空前の大ブームとなった江戸時代

江戸時代には、約60年周期で7回の参宮ブームが巻き起こったという。特に、1650（慶安3）年、1705（宝永2）年、1771*3（明和8）年、1830（文政13）年のおかげ参りは大規模なもので、1年間に日本の人口約3000万人のうちの約500万人が参宮するという空前の大ブームになった。どちらかというと出張の色が強い平安・鎌倉時代の男性中心のお伊勢参りに対し、半ばお祭さわぎのような心持ちで参加する、女性や子供の姿も見られた。また、伊勢講に入れてもらえない身分の奉公人や子供たちの間では、親や家に無断でお伊勢参りに出かける「抜け参り」も流行した。

路銀が乏しくても参宮できること、また大散財*4の旅であっても、それを伊勢の人々と神のおかげと受けとめたことから、伊勢参りは「おかげ参り」と呼ばれるようになった。

御師たちには伊勢講からの初穂料で、大名並みの収入があり、参宮者にふるまうだけの十分な財力があったようだ。

夜の楽しみ「古市」と伊勢の台所「河崎」

参宮者のうちの大部分が夜を過ごしたといわれる古市*5（p.112参照）も、かなりの盛況ぶりだったようだ。全国五大遊廓のひとつに数えられるこの遊里では、1日中三味線の音が絶えず、伊勢音頭*6が賑やかに歌われた。千草屋・備前屋・佃屋・杉本屋・油屋などの遊廓で上演されていた伊勢歌舞伎は後に全国に広まり、地方の農村歌舞伎にも影響を与えた。歌舞伎の「伊勢音頭恋寝刃」もここが舞台で、油屋で1796（寛政8）年におこった事件がもとになっている。

伊勢には住人*7に加えて、年間に多くの参宮者が訪れるので、大変な量の物資を必要とした。それを支えたのが伊勢の台所・河崎である。伊勢湾から勢田川を経てここに運ばれた食料や日用雑貨は、参宮者にふるまわれる食事や、古市の賑わいを物質的に支えていた。河崎の町（p.113参照）には今も、川に沿って妻入り屋根の民家*8や土蔵が建ち、当時の面影を残している。

右）油屋伊勢音頭之図の一部
左）文政十三年庚寅春のおかげ参り（重春）

「おかげさま」の心でもてなす伊勢神宮の門前町

おかげ横丁と
おはらい町

江戸時代、お伊勢さまへの熱狂的な参拝客を伊勢の人々は「おかげの心」で迎えた。そんな昔のままの"伊勢の人情"にふれられるのがおはらい町と、その真ん中にあるおかげ横丁。おかげ横丁は、約4000坪の敷地に江戸〜明治期の町並みと当時の賑わいが再現されている。伊勢路の名物料理や名産品を扱う店、無料の休み処のほか神話の館などもある。

地図p.95-H　内宮から🚶約10分
🚏神宮会館前下車🚶1分

！HINT

まわる順のヒント

内宮でお参りしてから、おはらい町をぶらぶらするのが一般的な順番。おはらい町は800mもあるので、時間に余裕がなければ、おはらい町の真ん中のおかげ横丁まで歩き、最寄りの🚏神宮会館前からバス（CANばすは停車しない）で駅へ戻るとよい。

おはらい町の終わり（内宮と反対側）からバスで駅に戻るには、🚏猿田彦神社前か🚏浦田町（おはらい町入口）を利用する。最寄り駅は近鉄・五十鈴川駅（特急は一部停車）で、徒歩15〜20分程度。

🍴 とうふや

農家を思わせる田舎風の建物の中で、豆腐と穴子を使った創作料理が食べられる店。おすすめは、寄せ豆腐膳1450円（写真）やあなご天重膳（並）2400円。五十鈴川の眺めの良い中2階の部屋や濡れ縁のある離れ座敷など、趣のある部屋で食事を楽しめる。

📞 0596-28-1028
🕐 11:00〜17:00
　　（16:30LO）
🈳 無休

🛍 他抜きだんらん亭
たぬきだんらんてい

店名の「他抜き」は「他人抜き」つまり「家族」を意味し、縁起物としての「狸」にも掛けている。扱う商品は、家族だんらんの時間を楽しむための器や箸などが中心。値段は飯碗や湯呑みが2200円〜。県内や近県の作家が作った作品も充実していて個展も開催している。

📞 0596-23-8730
🕐 9:30〜17:00（季節によって異なる）🈳 無休

おかげ座 神話の館

おかげざ しんわのやかた

神宮のお膝元ならではの本格的な神話体験施設。神話シアターでは「国生み」から「天孫降臨」までを映像で紹介。原初の森をイメージした神話の森では、和紙人形などで日本神話の7場面を表現する。

※改修のため一時休館

山口誓子俳句館・徳力富吉郎版画館

やまぐちせいしはいくかん・とくりきとみきちろうはんがかん

伊勢を愛し、伊勢にちなんだ多くの作品を残している山口誓子の俳句と徳力富吉郎の版画を展示。山口誓子は昭和・平成の俳句界をリードしてきた俳人。徳力富吉郎は現代の多色刷り版画の発展の中心となった人物。

☎ 0596-23-8828
🕐 9:30〜17:00（季節によって異なる）
💴 無料 🈳 無休

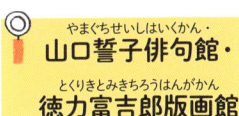

すし久

すしきゅう

伊勢路の田舎料理が食べられる店。人気のてこね寿し

1460円は、志摩半島にある和具の町が発祥の郷土料理で、あらかじめ寿し飯を用意し、船上でとれたての魚を切り身にして醤油に漬けて、手でこねて混ぜ合わせて食べたのがはじまり。

☎ 0596-27-0229
🕐 11:00〜17:00（16:30LO）
🈳 無休（夜の部のみ毎月1日と末日、火曜休）

赤福本店

あかふくほんてん

参拝帰りにぜひ食べてみたい伊勢名物の代表格が赤福餅だ。創業1707（宝永4）年、「赤心慶福」（真心を尽くせば他人の幸せが己の喜びになる）から名付けられたもので、江戸時代から今に至るまでその人気が続いている。餡の三筋の模様は、神宮神域を流れる五十鈴川の清流に見立てたもの。

☎ 0596-22-7000
🕐 5:00〜17:00 🈳 無休

ふくすけ

伊勢うどん600円とやわらかな伊勢うどんとめかぶの食感の違いが楽しめるめかぶ伊勢うどん780円が人気。伊勢うどんは独特の太めの麺に、たまり醤油ベースのタレをかけたシンプルなもの。麺をタレとからめて食べる。カツオや昆布のダシを使っているので、味はまろやか。

☎ 0596-23-8807
🕐 10:00〜17:00LO（季節によって異なる） 🈳 無休

くつろぎや

お香、香炉、香立・香袋といった香りにまつわる品々が揃う。聞香室では、おすすめの香りを試すことができる。くつろぎやオリジナル香伊勢のかほり1100円〜、かわいい動物の香立1100円〜などが人気。

☎ 0596-23-8823
🕐 9:30〜17:00（季節によって異なる） 🈳 無休

※各店の位置はp.106〜107のイラストマップ参照

遊び心がある軒先
ふくすけ p.105

軒先の瓦に伊勢音頭の
歌詞が入っている。
志州ひらき屋、若松屋などの軒先
にもあるので注意してみてみよう。

昔懐かしい郵便局
灯りの店 p.108

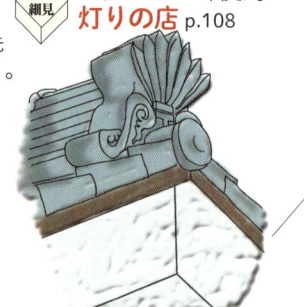

① CANばす（二見浦、鳥羽方面行き）
② 51系統徴古館前経由（外宮、伊勢、宇治山田方面）
　55系統庁舎前経由（外宮、伊勢、宇治山田方面）
　CANばす（五十鈴川駅、外宮前、宇治山田方面）
　神都バス（外宮、伊勢、宇治山田方面）

建物は津市芸濃町椋本に
あった郵便局を移築したもの。
鬼瓦には「〒」のマークが
入っている。

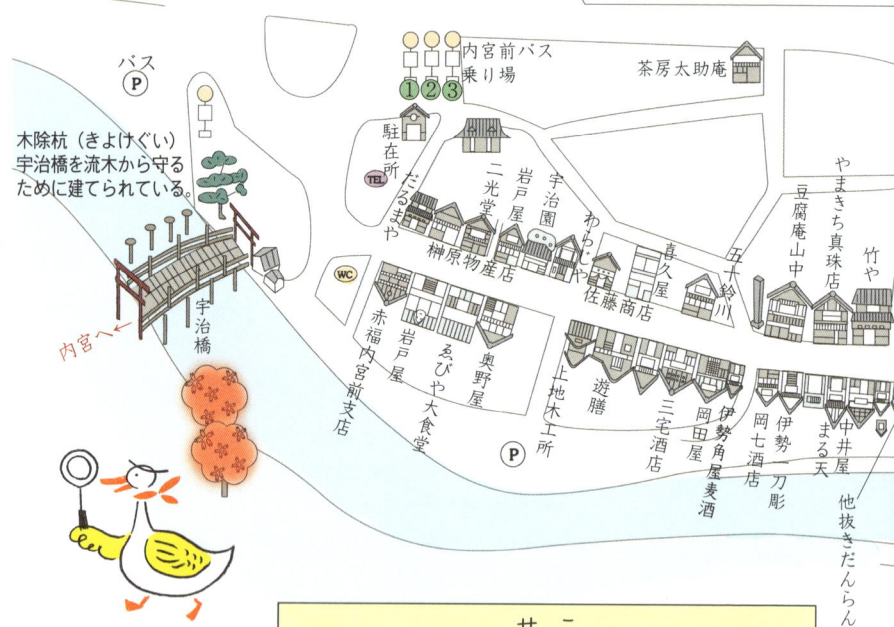

木除杭（きよけぐい）
宇治橋を流木から守る
ために建てられている。

内宮前バス
乗り場

茶房太助庵

バス P

駐在所

TEL

だるまや

二光堂

岩戸屋

宇治園

榊原物産店

わらじ

やまきち真珠店

豆腐庵山中

竹や

WC

真久屋

佐藤商店

五十鈴川

内宮へ

宇治橋

赤福内宮前支店

岩戸屋

ゑびや大食堂

奥野屋

上地木工所

遊膳

三宅酒店

岡田屋

伊勢角屋麦酒

岡七酒店

伊勢一刀彫

中井屋

まる天

他抜きだんらん亭

P

おはらい町 おかげ横丁

ぶらぶら歩きまっぷ

p.104

世古（せこ）

　表通りから一歩入り込んだ小路のことを、伊勢
では「世古」と呼ぶ。一般に世古の前に旧家や神
社仏閣、店などの名前をつけて呼び、おはらい町
には溝ノ世古、松谷ノ世古、梅谷ノ世古、会所世
古などが残っている。歴史は浅いが、おかげ横丁
にも世古がある。味匠館の奥にある小路は井戸の
世古、吉兆招福亭と志州ひらき屋の間の小路は、
わらわの世古と呼ばれている。

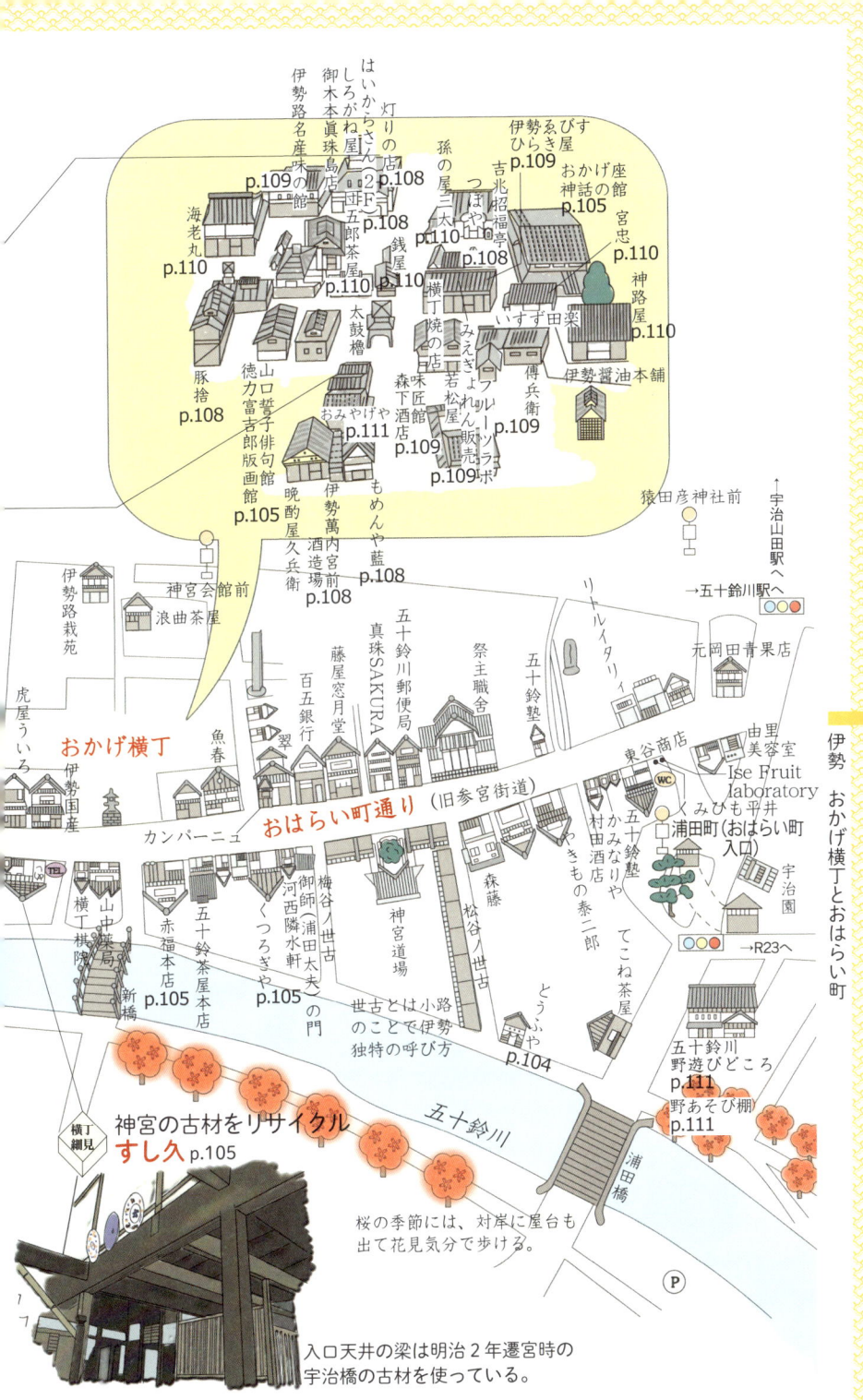

もめんや藍
もめんやあい

縞模様が美しく、肌ざわりもやさしい松阪木綿の店。衣類はもちろん、その粋な縞模様と藍染の風合いを生かして現代風にアレンジした生活小物が多数揃っている。そのほか、生地の切り売りやおかげ犬グッズ680円〜など、木綿製品の素朴な味わいが好評。

📞 0596-23-8809
🕐 9:30〜17:00
（季節によって異なる）
休 無休

伊勢萬内宮前酒造場
いせまんないくうまえしゅぞうじょう

地酒「おかげさま」の蔵元で店の奥が酒造場になっている。神宮神域を流れる五十鈴川の伏流水を使った「おかげさま」（720㎖ 2200円）のほか、梅酒「にごり梅」や地焼酎「純米焼酎」などがあり、店内で地酒を飲むこともできる。

☎ 0120-177-381
🕐 9:30〜17:00（季節によって異なる）　休 無休

豚捨
ぶたすて

本格的な牛肉料理が味わえる老舗。その昔、豚肉が主流だった時代に、その店の牛肉があまりにもうまいから、「豚なんて捨てちまえ！」と客が怒鳴ったという逸話が、この店の変わった名前の由来。牛丼1380円、捨吉鍋（牛鍋）3800円。あみ焼（ロース肉）1万円〜、すき焼1人前1万円〜。

📞 0596-23-8803
🕐 11:00〜17:00LO（季節によって異なる）　休 無休

はいからさん

シャンデリア・出窓・飾り天井のおしゃれな洋食・喫茶店で、文明開化の頃の香りが漂う。人気は手間暇かけてじっくり煮込んだハヤシライス1100円とカレーライス1000円。8時間かけて抽出する水出しアイスコーヒーもおすすめ。

📞 0596-23-8806
🕐 10:00〜17:00LO（季節によって異なる）　休 無休

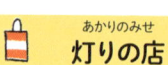

灯りの店
あかりのみせ

全国から集めたハンドメイドのキャンドルや昔ながらの和ローソク、アロマキャンドルや燭台など、暮らしをより楽しく演出してくれるキャンドルが豊富に揃う。

📞 0596-23-8834
🕐 9:30〜17:00（季節によって異なる）　休 無休

もめんや藍. おかげ犬グッズ680円〜など

吉兆招福亭
<small>きっちょうしょうふくてい</small>

日本全国から約1000種類の招き猫を集めた店。現代作家が手がけた作品をはじめ郷土玩具、オリジナルものと、多種多彩な招き猫が並んでいる。招き猫の右手挙げは金運、左手挙げは人を招くといわれており、色によってもご利益は様々。

- ☎ 0596-23-8852
- 🕒 9:30〜17:00（季節によって異なる）
- 休 無休

伊勢路名産味の館
<small>いせじめいさんあじのやかた</small>

伊勢路が誇る名産品が数多く揃っている店。伊勢の漬物・伊勢たくあんのほか、伊勢醤油の量り売り、五十鈴川の伏流水を使った横丁サイダー、勢州伊勢茶、味噌、海藻、各地名物菓子などを販売。

- ☎ 0596-23-8820
- 🕒 9:30〜17:00（季節によって異なる）
- 休 無休

伊勢ゑびすひらき屋
<small>いせえびすひらきや</small>

店内には、伊勢の近海で獲れた新鮮な魚を生のまま開いた干物がずらりと並んでいる。生牡蠣500円岩牡蠣1200円、ブリカマ950円、かます開き750円、さめのたれ（100gあたり塩600円、みりん580円）。料金は季節によって異なることがある。

- ☎ 0596-23-8832
- 🕒 9:30〜17:00（季節によって異なる）
- 休 無休

みえぎょれん販売
<small>みえぎょれんはんばい</small>

みえぎょれん販売は県漁連直営の店で、伊勢湾産のひじきや海苔など、海藻類が豊富。あおさ海苔、新海苔（12〜2月）50枚入り、100枚入り（時価）などが、みやげにおすすめ。

- ☎ 0596-23-8831
- 🕒 9:30〜17:00（季節によって異なる）
- 休 無休

傳兵衛
<small>でんべえ</small>

伊勢たくあん（400g 900円）を筆頭に、伊勢平野で採れた旬の野菜で作る漬物を売っている。

- ☎ 0596-23-8801
- 🕒 9:30〜17:00（季節によって異なる）
- 休 無休

味匠館 森下酒店
<small>みしょうかん もりしたさけてん</small>

三重県の地酒や伊勢志摩の海の幸など、お米にちなんだ商品やメニューを提供。限定ボトルの販売やペアリングの紹介なども。

- ☎ 0596-23-8821
- 🕒 9:30〜17:00（季節によって異なる）
- 休 無休

※各店の位置はp.106〜107のイラストマップ参照

海老丸 （えびまる）

海老丸は伊勢志摩の新鮮な魚介類をお値打ち価格で、豪快に味わえる漁師料理の店。海鮮丼2000円、まぐろのてこね寿し1600円、それに白身魚フライと小鉢を追加した定食2450円、海老天丼1350円など。1階には、いけすがあり、旬の魚類をお造りなどで味わえる。

☎ 0596-23-8805
🕐 11:00〜16:30LO（季節によって異なる）　休 無休

神路屋 （かみじや）

1階には、和雑貨、縁起物など、日本の伝統習慣や季節を感じる小物が各種並ぶ。2階は紙製品を中心とした和のテイストあふれる品々が並ぶスペース。調度や家具にまでこだわった空間が楽しめる。伊勢のけん玉1320円、伊勢木綿のエコバッグ1980円など。

☎ 0596-23-8822
🕐 9:30〜17:00（季節によって異なる）
休 無休

宮忠 （みやちゅう）

伊勢神宮のお膝元ならではの神殿・神祭具を販売する店。宮忠の神殿は木曽檜を使った白木作りで、伊勢神宮の御正殿と同じ唯一神明造り（ゆいいつしんめいづくり）を型どった茅葺屋根（かやぶき）が特徴。普及型は14万8000円。また、人気の盛塩セット3400円〜も各種取り揃えている。

☎ 0596-23-8839
🕐 9:30〜17:00（季節によって異なる）
休 無休

団五郎茶屋 （だんごろうちゃや）

おかげ横丁にある無料のお休み処。注文を受けてから握るおにぎりや赤福ぜんざい800円、蕎麦（そば）、かき氷（夏期）、ぜんざい（冬期）などが人気。セルフサービスで茶屋内に自由に持ち込んで、ゆっくり休憩できる。

☎ 0596-23-8808
🕐 10:00〜17:00（季節によって異なる）
休 無休

銭屋 （ぜにや）

一文銭の看板が目印のおかげ横丁の真ん中にあるお菓子・駄菓子の専門店。店内に並ぶ昔懐かしい駄菓子を再発見すれば、子どもの頃の思い出にタイムスリップできる。黒蜜かりんとうやめんたいこチーズえびせんなどが人気。

☎ 0596-23-9014
🕐 9:30〜17:00（季節によって異なる）
休 無休

まごのやさんた
孫の屋三太

年配の人なら、懐かしいと思わず手にとってしまう玩具が豊富に揃う店。もしかしたら、子どもよりもおとなの方が夢中になってしまうかも。ベーゴマやダルマ落としといった伝統的な伊勢玩具に、けん玉、レトロなブリキの金魚やジョウロ、キューピー人形などもある。

☎ 0596-23-8851
🕐 9:30～17:00（季節によって異なる） 休 無休

いすずがわのあそびどころ
五十鈴川野遊びどころ

五十鈴川にかかる浦田橋のたもとにある複合施設。和洋菓子店の五十鈴茶屋のほか、赤福五十鈴川店と野あそび棚が、純和風建築の建物に軒を連ねている。

赤福五十鈴川店
🕐 9:00～17:00（季節によって異なる） 休 無休
五十鈴茶屋五十鈴川店
🕐 10:00～17:00（季節によって異なる） 休 無休

のあそびだな
野あそび棚

炊き立てあつあつの土鍋ご飯に、季節の汁ものやおかずを自由に選んで「一汁一菜」もしくは「一汁三菜」のお膳を提供する。窓からは五十鈴川も見え、四季折々の風情が感じられる。一汁三菜（肉料理・魚料理）各1300円～。野あそび膳3500円、てこね伊勢うどん膳1300円、松阪牛桶めし3300円

☎ 0596-25-2848
🕐 11:00～16:30（16:00LO）
休 無休

おかげ横丁の催し

● **紙芝居**（土・日曜12:00～、13:00～、15:00～）紙芝居の伝統を伝えようとかみしばい広場で上演。テレビやインターネット、ゲームでは味わえない独特のパフォーマンスとワクワク感が魅力。

● **みそか寄席**（毎月末日の16:00～、19:00～の2回興行）上方落語会の実力派、桂文我ほか出演の落語会。すし久2階で、前売り2200円、当日2500円。

● **夏まちまつり**（6月初旬）風鈴屋台や金魚屋台が出るほか、ガマの油売り、バナナのたたき売りなどの大道芸が見られる。

● **神恩感謝日本太鼓祭**（9月上旬）神恩太鼓を中心に、全国から選ばれた和太鼓チームが共演し、和太鼓の響きを伊勢神宮内宮に奉納する祭り。

● **来る福招き猫まつり**（9月29日前後の約10日間）9月29日は「くるふく」と縁起良く読めることから招き猫の日とし、珍しい招き猫が全国から集まるなど、福一色の祭り。

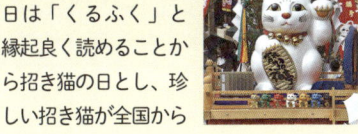

● **おかげ横丁行く年来る年**（大晦日～元旦）カウントダウンを行ない、振る舞い酒などで初詣客を迎える。

おみやげや

おかげ横丁で何かわからないことがあれば、ここで尋ねてみよう。コインロッカーや授乳室、車イス、ベビーカーの無料貸し出し等も利用できる。

☎ 0596-23-8838
🕐 9:30～17:00（季節によって異なる）
休 無休

※各店の位置はp.106～107のイラストマップ参照

古市
ふるいち

旧参宮街道にあった古市は、江戸時代初期から遊里が置かれて賑わった町。その町並みは1945年の空襲でほとんどの家屋が失われてしまったが、旧道らしさは残っている。
地図p.93-K

見る＆歩く

伊勢古市参宮街道資料館
いせふるいちさんぐうかいどうしりょうかん

地図p.93-K
伊勢市・宇治山田駅前から🚌01・02系統で12分、♀三条前下車、👟1分

かつて艶やかな灯火に活気づいていた古市参宮街道の歴史資料や、古市の三大妓楼（油屋、杉本屋、備前屋）で使われた什器や役者の錦絵などが展示されている。

📞 0596-22-8410　♀ 伊勢市中之町69
🕘 9:00〜16:30
❌ 月曜（祝日の場合は翌日）、祝日の翌日（その日が日曜日の場合は除く）、12月29日〜1月3日
💴 無料　🅿 8台

寂照寺
じゃくしょうじ

地図p.93-K
伊勢市・宇治山田駅前から🚌01・02系統で11分、♀中之町下車、👟2分

徳川秀忠の娘・千姫の菩提を弔うため、京都・知恩院の知鑑が1677（延宝5）年に建てた浄土宗の古刹。明治時代に焼け

たが、千姫の位牌が伝わっている。金毘羅堂・観音堂・山門は国の登録有形文化財。

📞 0596-22-3743　♀ 伊勢市中之町101
＊ 境内自由　🅿 2台

大林寺
だいりんじ

地図p.93-K
伊勢市・宇治山田駅前から🚌01・02系統で10分、♀古市下車、👟2分

信空が1625（寛永2）年に創建した浄土宗西山禅林寺の末寺。境内には歌舞伎狂言『伊勢音頭恋寝刃』で知られる孫福斎と遊女お紺を弔う比翼塚がある。物語は古市の廓・油屋で孫福斎が起こした殺傷事件を脚色したもの。

📞 0596-28-4541　♀ 伊勢市古市町97
＊ 境内自由　🅿 20台

麻吉歴史館
あさきちれきしかん

地図p.93-K
伊勢市・宇治山田駅前から🚌01・02系統で11分、♀中之町下車、👟1分

1945年の空襲で多くの建物が失われた中で焼け残った、江戸時代から続く懸崖造りの旅館麻吉の中にある資料館。創業当時に使っていた食器や軸物などが展示されている。旅館利用者（夜の食事・宿泊）のみ見学可。

📞 0596-22-4101（麻吉）
♀ 伊勢市中之町109
💴 無料（麻吉の宿泊は1泊2食付き1万4500円〜税サ込）　🅿 10台

河崎
かわさき

勢田川を利用して食料などの物資が集まった河崎は、「伊勢の台所」と呼ばれて賑わった問屋街。往時の町並みが川沿いに残り、昔の船参宮を偲ぶ遊覧船が予約制によってチャーター運航されている。　地図p.93-C

俗的資料を展示する「河崎まちなみ館」、文化・商売にまつわる道具を展示する蔵が並ぶ。京都の裏千家の茶室・咄々斎写しの茶室も公開。1日300円でレンタサイクルの貸し出しも行なっている。

見る＆歩く

伊勢河崎商人館
いせかわさきしょうにんかん

地図 p.93-C
伊勢市駅から🚶15分

もと酒問屋だった旧小川邸を修復し、河崎の歴史などを紹介する施設。生活雑貨などを販売する蔵と、道をへだてて歴史や民

📞 0596-22-4810　📍 伊勢市河崎 2-25-32
🕐 展示室 9:30～17:00。商人蔵 10:00～17:00
🚫 火曜(祝日の場合は翌日)
💰 入館料 350円　🅿 30台

POINT　てくナビ／伊勢市駅から見て、勢田川に沿った町並みの左側の道が、昔の風情が残る小路。伊勢河崎商人館から帰りは対岸を歩くのもいい。

食べる＆買う

の小物類も販売している。

📞 0596-26-2008
📍 伊勢市河崎 2-4-14
🕐 11:00～18:30
🚫 火曜(祝日の場合は翌日)
💰 指輪 3500円～　🅿 1台

河崎／ジュエリー

月の魚
つきのさかな

地図 p.93-C
伊勢市駅から🚶10分

オーナー手作りのリング、ペンダント、ブレスレットなどが昭和レトロな店内に並ぶ。また古布などを使った、夫人手作りのブックカバーなど

河崎／陶磁器

和具屋商店
わぐやしょうてん

地図 p.93-C
伊勢市駅から🚶15分

茶碗 100円～といった日用品から先代が集めた古い陶器や錦絵までが並ぶ陶磁器の店。江戸時代末頃に建てられた奥の倉庫は、まちかど博物館になっていて、予約をすれば女将さんの解説つきで中を見学できる(200円)。

📞 0596-28-2840
📍 伊勢市河崎 2-19-32
🕐 9:00頃～17:00頃
🚫 不定　💰 茶碗 100円～
🅿 5台

河崎／めん処

つたや

地図 p.93-C
伊勢市駅から🚶15分

うどんもラーメンも、そばも麺はすべて手打ち。伊勢うどんは600円、オリジナルの焼豚伊勢うどんは900円。

📞 0596-28-3880
📍 伊勢市河崎 2-22-24
🕐 11:00～16:00　🚫 日曜
💰 伊勢うどん 600円
🅿 4台

神宮徴古館
じんぐうちょうこかん

地図p.93-H
伊勢市・宇治山田駅前から🚶🚌Nばす・51系統で
10〜14分、♀徴古館前から🚶3分、🚶🚌Nばす
は♀神宮徴古館から🚶すぐ

　神宮のお祭りや歴史・文化を知る上で貴
重な収蔵品が展示されている総合博物館。
参拝前に訪れて知識を得たい。式年遷宮の
際に撤下された、正殿内に奉納されていた
御装束神宝の数々や、外宮域内より移築さ
れた御饌殿の復原展示は圧巻。

🎵 0596-22-1700
📍 伊勢市神田久志本町1754-1
🕐 9:00〜16:30（入館は〜16:00）
🚫 木曜（祝日の場合は翌日）、年末3日間
💴 500円（神宮農業館と共通）、神宮美術館との
　3館共通割引券は700円
Ⓟ 40台

POINT　てくナビ／宇治山田駅から歩くと約25
分。このあたりはクルマの通りは多い
が、緑が多くわりと歩きやすい。

神宮農業館
じんぐうのうぎょうかん

地図p.93-H
神宮徴古館から🚶すぐ

　「自然の産物がいかに
役立つか」をテーマとし、
農・林・水産業を包括した
わが国最初の産業博物館
として貴重な存在。

　宮中から奉納された御
稲、生糸等の皇室御下賜
品、神宮の神様へのお供え物等に関する資
料など展示内容は幅広い。

🎵 0596-22-1700
＊ 住所・開館時間・料金等は、神宮徴古館と同じ
Ⓟ 40台（神宮徴古館と共用）

式年遷宮記念神宮美術館
しきねんせんぐうきねんじんぐうびじゅつかん

地図p.93-H
神宮徴古館から🚶すぐ

　1993年に
行なわれた伊
勢神宮の第61
回式年遷宮を
記念して開館
した。文化勲
章受章者・文
化功労者・日

本芸術院会員・重要無形文化財保持者から
献納された絵画・書・彫塑・工芸の秀作を常
時展示しているほか、特別展も行なわれる。

🎵 0596-22-5533
＊ 住所・開館時間・料金等は、神宮徴古館と同じ
Ⓟ 40台（神宮徴古館と共用）

豊川茜稲荷神社
とよかわあこねいなりじんじゃ

地図p.92-F
伊勢市駅から🚶8分

　社伝によれば、一条天皇御代以前（986年
以前）の創立と古く、江戸期〜明治初年頃か

らは、宇迦之御魂大神を祭神として豊川明神、茜稲荷と呼ばれるようになった。海の神、地の神、商の神として多くの人々の信仰を集める。

📞 0596-28-5510　📍 伊勢市豊川町274
＊ 境内自由（受付8:30〜15:30）　🅿 4台

猿田彦神社
さるたひこじんじゃ

地図p.95-H
宇治山田駅前から🚌51・55系統で13分、🚏猿田彦神社前下車🚶1分

祭神の猿田彦大神は、古事記や日本書紀に伝えられる天孫降臨の際に、天孫を高千穂峯に導き、その後本拠地である伊勢を中心に土地開拓を指導した神。みちひらき、方除け、商売繁盛、交通安全などの祈願に多くの人が訪れる。近くに日本画家・伊藤小坡の作品を展示する「伊藤小坡美術館」がある。

📞 0596-22-2554
📍 伊勢市宇治浦田2-1-10
＊ 境内自由（祈願受付8:30〜17:00）
🅿 70台（一部有料）

松尾観音寺
まつおかんのんじ

地図p.90-C
宇治山田駅から🚌08系統で7分、または🚌参宮バスで19分、🚏松尾観音から🚶1分

日本最古の厄除観音といわれ、奈良時代に行基によって開かれた。本尊は十一面観世音菩薩。本堂内の壁は天保・嘉永・安政の時代の奉納絵馬や絵額で埋められている。

📞 0596-22-2722　📍 伊勢市楠部町松尾山
＊ 境内自由（本堂8:30〜17:00）　🅿 10台

金剛證寺
こんごうしょうじ

地図p.139-D
土・日曜・祝日、お盆、年末年始のみ、近鉄五十鈴川駅から🚌参宮バスで24分、金剛證寺前下車🚶すぐ。平日はバスの便がないので、山道を歩くか、タクシー利用（鳥羽駅からの往復8000〜1万円）

朝熊山の山頂付近にあり、日本三大虚空蔵のひとつである福威智満虚空蔵菩薩を祀る。江戸時代、「朝熊かけねば片参り」と、この寺を参詣するのがお伊勢参りの常とされた。

📞 0596-22-1710　📍 伊勢市朝熊町岳548
🕐 9:00〜15:45　＊ 境内自由　🅿 30台

POINT　てくナビ／伊勢志摩スカイラインにある朝熊山展望台は、伊勢湾の絶景を見渡せるビューポイント。

食べる＆買う

伊勢市駅周辺／懐石料理

戸田家料庵
とだやりょうあん

地図 p.92-A
伊勢市駅から🚶10分

伊藤博文公など数多くの著名人の常宿として180年の歴史を刻む料理旅館・戸田家が平成6年にリニューアル。伝統と粋を凝らした数寄屋造りで、書画骨董を配した部屋からは、手入れの行き届いた日本庭園が眺められる。料理は、四季の五十鈴川5000円～。昼のミニ懐石3900円～（テーブル席）、座敷は2人以上で1人8800円～（要予約）。

♪ 0596-28-4855
📍 伊勢市大世古1-1-20
🕐 11:00～15:00、17:00～22:00
🈺 無休
💴 四季の五十鈴川5000円～
🅿 17台

伊勢市駅周辺／伊勢うどん

山口屋
やまぐちや

地図 p.92-B
伊勢市駅から🚶3分

とにかく、これを食べなくては伊勢の旅は語れない。たまり醤油にダシを加えたタレと、自家製麺の太いうどんの

プリプリとした歯ごたえの相性が抜群。ぜひ食べてみたいのは、ネギとトウガラシだけで食べるのが通というシンプルな伊勢うどん600円と、天ぷら・肉・かやく入りの山口屋オリジナルごちゃ伊勢うどん1350円。ほかに、きつね伊勢うどん730円、にしん伊勢うどん930円など。

♪ 0596-28-3856
📍 伊勢市宮後1-4-23
🕐 10:00～18:15LO
🈺 木曜・第1・3水曜（祝日の場合営業）
💴 伊勢うどん600円　🅿 3台

伊勢市駅周辺／伊勢うどん

まめや

地図 p.92-B
伊勢市駅から🚶5分

地元の人たちもすすめる「まめや」の伊勢うどんは、真っ黒なタレに一瞬ドキッとするかもしれないが、実際に食べてみると鰹のダシがよく利いたまろやかな味。うどん類は、伊勢うどん650円、月見うどん730円、天ぷらうどん1000円などがある。遷宮記念の新メニュー伊勢エビうどん時価も好評。

♪ 0596-23-2425
📍 伊勢市宮後2-19-11
🕐 10:00～15:00、17:00～19:30
🈺 火曜（祝日の場合営業）
💴 伊勢うどん650円
🅿 10台

伊勢市駅周辺／日本料理

大ふじ
おおふじ

地図 p.92-B
伊勢市駅から🚶10分

地元の人おすすめの新鮮な魚介料理の店。メニューに料金はなく、ホワイトボードなどに、タイ、赤イカ、甘エビ、穴子焼き、造り盛り合わせ、などと書いてあるのみ。養殖物などは使わない本物の味を楽しみたい。1人あたり4000～5000円見当で。

♪ 0596-28-6542
📍 伊勢市一之木1-2-12
🕐 17:30～23:00
🈺 日曜
💴 4000～5000円　🅿 1台

伊勢市駅周辺／うなぎ料理

喜多や
きたや

地図 p.92-F
伊勢市駅から🚶10分

有機米のご飯にタレをまぶしたうな丼が人気。無添加のみりんを使用し、大壷で約100年前から継ぎ足して守る

秘伝のタレは、あっさり甘口で風味豊かだ。主なメニューは、うな重2200円～、うな丼2200円～、蒲焼ごはん3300円～、うなぎ会席6050円～。

- 📞 0596-28-3064
- 📍 伊勢市本町10-13
- 🕐 11:00～17:00
- 休 木曜
  （1日・祝日の場合は営業）
- 💰 うな重2200円～　P 8台

伊勢市駅周辺／懐石料理

花菖蒲
はなしょうぶ

地図p.92-A
伊勢市駅から🚶15分

モノトーンに統一されたテーブル席にカウンター、ゆったりくつろげる座敷があり、モダンな雰囲気の懐石処。洗練された器に旬の食材を使った料理の盛りつけも色鮮やかで、ランチ限定の懐石姫コース4400円、つむぎ御膳2970円。花菖蒲懐石コースは、6050円、7150円、9900円の3コースがある。ほかに1万3200円で、伊勢海老懐石、鮑バター焼懐石、黒毛和牛ヒレ

ステーキ懐石も。

- 📞 0596-27-1381
- 📍 伊勢市曽祢1-7-2
- 🕐 11:00～13:30LO、
  17:00～19:00LO
- 休 水曜
- 💰 つむぎ御膳2970円
- P 15台

宇治山田駅周辺／割烹

割烹大喜
かっぽうだいき

地図p.92-F
宇治山田駅から🚶1分

伊勢の食材の良さともてなしの心をぎゅっと詰め込んだ季節弁当3850円、松花堂弁当3630円、塗物や陶磁器の見事な器に、さまざまな趣向を凝らした会席料理5500円～など、どの品を味わっても料理人の「粋」へのこだわりが伝わってくる。アワビバター焼4400円～やイセエビ料理（時価）、松阪牛サイコロステーキ1980円のほか、てこね定食2090円なども。宮内庁・神宮司庁御用達の重責を担う老舗だが、カウンター越しに料理人の包丁さばきを見たり、楽しく会話をしながら食べられる気張らない雰囲気もいい。

- 📞 0596-28-0281
- 📍 伊勢市岩渕2-1-48
- 🕐 11:00～20:30LO
- 休 木曜
- 💰 季節弁当3850円
- P 40台

伊勢市駅周辺／フランス料理

ボン ヴィヴァン

地図p.92-F
伊勢市駅から🚶5分

ランチもディナーも完全予約制で、シェフのおまかせコースは、1万1000円、1万6500円、2万2000円、3万3000円の4コース用意されている。ほかに地元産の伊勢エビをメインにそれに合わせた前菜が用意される「志摩の伊勢海老コース」2万2000円は人気が高い。また「松阪牛いちぼ肉コース」150g1万8000円も好評だ。いずれも伊勢志摩を愉しめる前菜の盛り合わせ、スープ、デザート、珈琲又は紅茶、プティフール付き。

- 📞 0596-26-3131
- 📍 伊勢市本町20-24
- 🕐 12:00～15:00
  （13:30LO）、
  17:30～21:00（19:00LO）
  ディナーは前日に予約が必要
- 休 月曜（祝日の場合は翌日）
  とその前日のディナータイム。正月は昼のみ営業
- 💰 ランチコース3240円～　P 10台

カンパーニュ

地図 p.94-D
宇治山田駅前から🚌55系統庁舎前経由で12分、🚏蓮台寺下車 👟1分

1991年創業のフランス料理と洋菓子の店。肉類は契約農家から、魚は尾鷲、伊勢志摩など近海でとれたもの、野菜は地元無農薬のものを使うなど、食材にこだわる。ディナーは「この地の恵みシェフのおまかせコース」と冠された2コースあって、コースAは1万1000円、コースBが2万2000円。コースBは海の幸のサラダ、熊野地鶏のリゾットとフォアグラ、鮑、伊勢海老、特選肉料理などで構成されている。

お菓子はテイクアウトができて、季節の厳選フルーツと毎日炊き上げるカスタードクリームが自慢。

📞 0596-29-2000
📍 伊勢市勢田町115-3
🕐 テイクアウト10:30〜（お菓子がショーケースに多く揃う12時以降が狙い目）カフェ（お菓子のイートイン）11:30〜
ディナー（予約制）18:00〜22:00（20:00LO）
🈺 月・火曜（祝日の場合は営業）
💴 シュークリーム302円、各種カットケーキ432円〜
🅿 20台

力也
りきや

地図 p.90-C
宇治山田駅前から🚌07系統で7分、🚏伊勢学園前下車 👟1分

松阪牛と黒毛和牛の牛肉づくしのおもてなしが堪能できる人気の店。なかでも紅のサシの入った自慢の特撰松阪肉はおいしいと評判。黒毛和牛しゃぶしゃぶ3800円〜、松阪肉しゃぶしゃぶ9800円。しゃぶしゃぶ以外に、すき焼きやあみ焼きも提供している。ランチタイムには各種お手頃価格（1100円〜）のメニューも用意されている。

📞 0596-28-2970
📍 伊勢市黒瀬町869-2
🕐 11:30〜14:00、17:00〜21:00（季節により変動あり）
🈺 水曜
💴 あぶり焼き牛丼1320円、豚丼定食940円
🅿 15台

漣
さざなみ

地図 p.93-C
宇治山田駅前から🚌41・12系統で8分、🚏神久町下車 👟すぐ

海老フライが人気の店。写真は肉厚の海老フライ3匹にご飯、赤だしなどが付いた開き海老フライ定食3305円。

ほかに、おまかせの刺身を盛り合わせたお造り定食2700円や三種盛りお造りと開き海老フライがセットになった参宮定食3862円、国産牛陶板焼定食3098円、さざなみ定食6018円などがある。

📞 0596-29-3373
📍 伊勢市神久3-5-55　ホテルキャッスルイン伊勢1F
🕐 11:00〜14:00LO
🈺 月曜（祝日の場合は翌日）、臨時休業あり
💴 開き海老フライ定食3305円
🅿 100台

伊勢角屋麦酒・麦酒蔵
いせかどやびーる・びやぐら

地図 p.93-D
宇治山田駅前から🚌41・12系統で9分、🚏二軒茶屋下車 👟すぐ

かつて伊勢湾を舟で渡ってきた参宮客の船着場があった地に、昭和初期の蔵を移築。1887（明治20）年から数年だけ存在した「神都麥酒（しんとビール）」の名を引き継ぎ、1997年より伊勢志摩唯一のクラフトビール伊勢角屋麦酒を製造している。おみやげだけでなく、関東や関西のクラ

フトビール専門店にも出荷し、国内外のコンテストで受賞を重ねている。工場併設の直売店・麦酒蔵でできたてのクラフトビールが購入できる。工場案内や有料のテイスティングも、予約制で受け付けている。

- ☎ 0596-23-2880
- 📍 伊勢市神久6-428
- 🕐 10:00〜17:00
- 休 無休
- 💰 伊勢角屋麦酒330㎖ 660円〜
- Ｐ 30台

伊勢市内／餅

二軒茶屋餅角屋本店
にけんちゃやもちかどやほんてん

地図 p.93-D
宇治山田駅前から🚌41・12系統で9分、🚏二軒茶屋下車🚶すぐ

天正年間の創業以来、400年以上参宮客に親しまれてきた二軒茶屋餅。きな粉をまぶした薄皮の中にあずき餡がたっぷり入っている。持ち帰りは、10個竹皮包みで840円。店内で食べる場合は、お茶付き2個240円。毎月25日には昔ながらのくろあん二軒茶屋餅も販売される。

- ☎ 0596-23-3040
- 📍 伊勢市神久6-8-25
- 🕐 8:00〜18:00（売り切れ次第閉店）
- 休 無休
- 💰 2個240円
- Ｐ 30台

伊勢市内／伊勢和紙

伊勢和紙館
いせわしかん

地図 p.92-A
伊勢市駅から🚶10分

神宮御用紙を奉製する大豊和紙工業内にあり、紙漉きの工程や伊勢和紙を使用した作品を展示。製品販売（はがきサイズ伊勢和紙「和み葉」20枚入り378円など）や伊勢和紙プリント体験（日時など要問合せ）も行っている。伊勢和紙ギャラリーも併設している。

- ☎ 0596-28-2359
- 📍 伊勢市大世古1-10-30
- 🕐 9:30〜16:30
- 休 土・日曜
  （毎月第2土曜はイベントのため開館、伊勢和紙ギャラリー展示開催時は開館）
- 💰 入館無料
  はがきサイズ伊勢和紙「とりのこ色」20枚入り385円
- Ｐ 10台
- http://isewashi.co.jp/

伊勢市郊外／かまぼこ

若松屋 手づくりかまぼこ体験工房
わかまつや てづくりかまぼこたいけんこうぼう

地図 p.139-D
伊勢市駅前から🚌03系統大湊線で14分、🚏下野工場団地口下車🚶10分

河崎にある伊勢かまぼこの老舗・若松屋の本店や下野工場店で、かまぼこの手づくり体験ができる（2名〜、1週間前

までに要予約）。この店は、今でもほとんど手作業でかまぼこを作っており、職人さんから直接作り方を教えてもらえる。

所要時間は約70分。刃のない包丁（つけ包丁）を使い、まな板の上で魚のすり身を延ばして、こねて、板にくっつけて盛り上げていく。おいしく作るコツは、よく練って空気を抜くこと。最後に蒸してもらい、"マイ板かまぼこ"が完成する。

工房（下野工場店）
- ☎ 0120-31-1722
- 📍 伊勢市下野町653-9
- 🕐 体験9:00〜14:00
- 休 年末年始及び職人不在の時
- 💰 体験料1980円
- Ｐ 10台
本店 ☎ 0120-23-1721
※本店でも手づくり体験ができる。
　（地図 p.92-B）
http://www.wakamatsuya.co.jp

二見浦

エリアの魅力

歩く楽しみ
★★★★
温泉
★
マリンレジャー
★★★

必見スポット：
夫婦岩　p.122、二見
興玉神社　p.122、伊
勢シーパラダイス
p.122、伊勢・安土桃
山文化村　p.122

標準散策時間：**4時間**
（夫婦岩〜伊勢シー
パラダイス〜伊勢・
安土桃山文化村）

夏は海水浴客で賑わう伝説の地

倭姫命が天照大御神の鎮座される土地を探し求めていたとき、二見浦の眺めの美しさに2度も振り返られたという伝説が地名の由来。海岸沿いに歩けば歴史のある神社があり、その先の波間に浮かぶ2つの岩が夫婦岩で、二見浦のシンボル。周辺にはテーマパークや水族館など、レジャースポットも多く、家族連れにも楽しめるところだ。

古くから伊勢神宮とあわせて訪れる人が多かったことから、歴史ある旅館も多い。神宮参拝の賓客の休憩・宿泊施設として明治20年に建てられた賓日館が公開されている。大正天皇をはじめ、皇族や各界要人も利用した品格ある木造建築だ。

賓日館。9:00〜16:30。300円。
火曜（祝日の場合は翌日）休

問い合わせ先

二見浦観光案内所
♪0596-43-2331
伊勢市二見総合支所地域
振興課
♪0596-42-1111
三重交通バス（伊勢営業
所）
♪0596-25-7131

タクシー情報

名鉄タクシー（二見配車
センター）
♪0596-43-2051

 HINT

二見浦への行き方

1時間1〜2本運行。二見浦はJRしか通っていないので、伊勢市駅で乗ること

伊勢市駅　JR参宮線 6〜9分　210円　二見浦駅

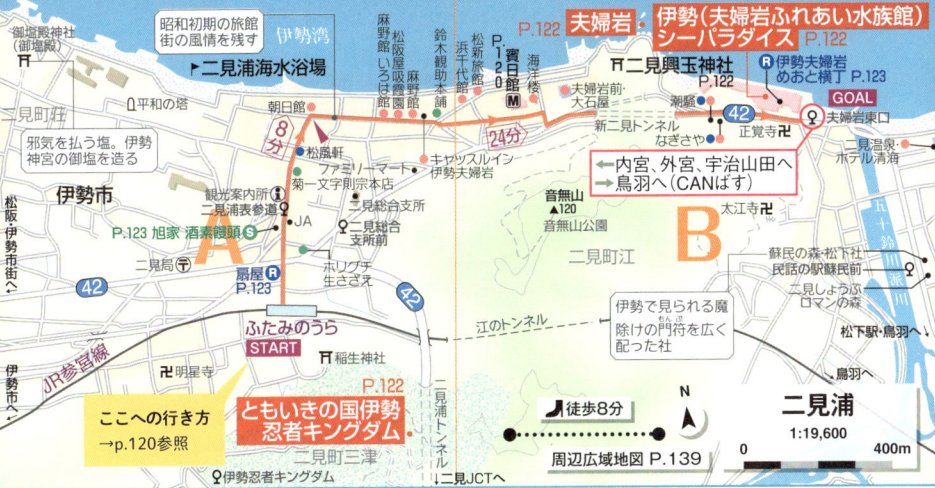

二見浦

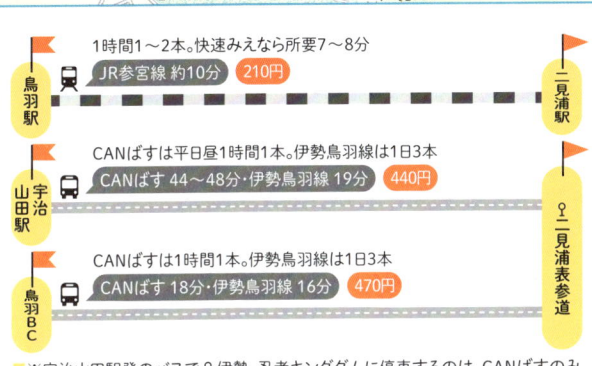

1時間1〜2本。快速みえなら所要7〜8分

JR参宮線 約10分 210円

鳥羽駅 ─ 二見浦駅

CANばすは平日昼1時間1本。伊勢鳥羽線は1日3本

CANばす 44〜48分・伊勢鳥羽線 19分 440円

宇治山田駅 ─ 二見浦表参道

CANばすは1時間1本。伊勢鳥羽線は1日3本

CANばす 18分・伊勢鳥羽線 16分 470円

鳥羽BC ─ 二見浦表参道

※宇治山田駅発のバスで♨伊勢・忍者キングダムに停車するのは、CANばすのみ。41系統の伊勢鳥羽線は、停車しないので注意。

タクシー料金の目安

二見浦駅

〜夫婦岩	780円
〜伊勢夫婦岩ショッピングプラザ	780円
〜伊勢・忍者キングダム	780円
〜宇治山田駅	2850円
〜内宮	3930円

 POINT

はじめの一歩の進め方

　二見浦駅から夫婦岩へは、交通量の多い国道ではなく、海岸沿いの旅館街のなかの道を歩いていくとよい。伊勢シーパラダイスへは夫婦岩からさらに徒歩5分。伊勢・安土桃山文化村へ行く場合は、♨二見浦表参道からCANばすが便利。1時間に1〜2便出ている。

海水浴場でも人気

 HINT

二見浦から鳥羽・志摩へ

　鳥羽へは1時間に1〜2本出ているJRが便利。快速みえも二見浦に停車する。普通電車で約10分、210円。バスはCANばすを利用する。41系統の伊勢鳥羽線は本数が少ない。志摩方面へは、JRでは行けないので、電車利用の場合は鳥羽駅で近鉄線に乗り換え。バスも鳥羽までの便しかないので、鳥羽で乗り換えるか、一度伊勢方面に戻ってから志摩へ行く、という方法も。

二見興玉神社

見る＆歩く

夫婦岩
めおといわ

地図 p.121-B
二見浦駅から🚶20分、または伊勢市駅・宇治山田駅前から🚌41系統・ＣＡＮばすで♀夫婦岩東口下車🚶5分

夫婦岩は二見浦のシンボル。大きい岩（男岩）は高さ約9m、小さい岩（女岩）は高さ4mで、両岩は全長35mの大しめ縄でしっかりと結ばれている。この大しめ縄の張り替え神事は5月5日、9月5日、12月中旬の土・日曜日に行なわれる。なお、夫婦岩の中央から朝日が昇るのは、夏至前後。

＊見学自由

POINT
てくナビ／古い木造の旅館を見ながら歩く朝日館前の細い道は風情がある。海岸の風景が美しいので、防波堤沿いに少し歩いてみるのもいい。

二見興玉神社
ふたみおきたまじんじゃ

地図 p.121-B
二見浦駅から🚶20分、または♀夫婦岩東口下車🚶5分

夫婦岩沖合いの海中にある「興玉神石」の拝所として設けられたのが起こり。

ご祭神はおみちびきの神とされる猿田彦大神、食料を司る宇迦御魂大神（豊受大神とも呼ばれる）で、開運招福・交通安全・道開きの神として根強い信仰を集めている。参道には猿田彦大神のお使いと信じられている蛙

の置物が多数見られる。ここから海岸沿いに歩くとすぐに夫婦岩が見られ、その先に海上守護の神として綿津見大神を祀る龍宮社が鎮座する。そのまま歩けば、伊勢夫婦岩ショッピングプラザ・伊勢シーパラダイスへとたどり着く。

📞 0596-43-2020　📍 伊勢市二見町江575
🕐 境内自由（授与所：日の出〜日の入り）
💴 無料　🅿 近隣にあり

伊勢（夫婦岩ふれあい水族館）シーパラダイス
いせ（めおといわふれあいすいぞくかん）しーぱらだいす

地図 p.121-B
二見浦駅から🚶25分、または♀夫婦岩東口下車🚶すぐ

「ふれあい水族館」をテーマにしている伊勢シーパラダイスは、腹筋や投げキッスをするメスのセイウチ（写真）が人気者。なかでも、タンポポは口笛も吹けて大人気。1日3回のショーで彼女たちの芸達者ぶりを楽しめるほか、ショーのあとで一緒に記念撮影をしたり、触ることもできる。

📞 0596-42-1760　📍 伊勢市二見町江580
🕐 9:30〜17:00（季節により変更あり）
🈺 無休（12月中旬の2日間は休館）
💴 2100円、小・中学生1000円、幼児500円
🅿 150台（平日1日200円、土・日曜・祝日最初の2時間800円、以降1時間毎に200円）

ともいきの国 伊勢忍者キングダム
ともいきのくに いせにんじゃきんぐだむ

地図 p.121-A
♀二見浦表参道からＣＡＮばす・参宮バスで5分、または伊勢市・宇治山田駅前からＣＡＮばす・参宮バスで35〜45分♀伊勢・安土桃山文化村下車🚶すぐ

安土城を中心として時代情緒のある町並みが広がり、忍者アクションなど生の時代

劇が楽しめる劇場や、からくりを体験できる忍者屋敷などの体験館が多数建ち並ぶ。山の上にある安土城の6階は展望台になっており、伊勢湾を一望する絶景ポイントとして人気を集めている。村内には食事・土産処も各種揃っている。

📞 0596-43-2300
📍 伊勢市二見町三津1201-1
🕐 9:00〜17:00（11月21日〜2月末日は9:30〜16:30）。入村は閉村の1時間前まで
🈁 無休（2月か3月に不定休あり）
💴 通行手形：大人4900円　Ⓟ 3000台
http://www.ise-jokamachi.jp/

買う＆食べる

二見浦駅周辺／家庭料理

扇屋
おうぎや

地図 p.121-A
二見浦駅から🚶1分

　古い木造旅館を改築した空間で、松阪牛やイセエビなどを使った家庭料理が気軽に楽しめる。人気メニューは、松阪牛ハンバーグ定食（デミグラス・和風ソース）1500円。イセエビのウニソース焼きに松阪牛のハンバーグがセットになった扇屋定食3400円など、和洋の各種メニューが揃っている。

📞 0596-43-3890
📍 伊勢市二見町茶屋6-1
🕐 11:00〜14:00、17:00〜19:30
🈁 木曜（祝日の場合は営業）
💴 松阪牛ゴロゴロハンバーグ定食1900円
Ⓟ 13台

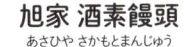二見周辺／和・洋食

伊勢夫婦岩 めおと横丁
いせめおといわ めおとよこちょう

地図 p.121-B
二見浦駅から🚶25分、または🚌夫婦岩東口下車すぐ

　伊勢シーパラダイスに隣接しており、多彩な食事どころがある。気軽に新鮮な海の幸が食べられるまぐろ神社のおすすめは、本マグロの極めつけのまぐろ丼や海鮮丼。伊勢湾を眺望できるレストランシーコックでは、名物料理「てこねずし」「伊勢うどん」など、手頃な値段のメニューが豊富に並ぶ。また、夫婦岩が見える展望喫茶ウェーブもおすすめ。

📞 0596-43-4111
📍 伊勢市二見町江580
🕐 9:00〜17:00。レストランは11:00〜15:00（季節により変更あり）　🈁 無休（12月中旬の2日間休）　Ⓟ 250台（平日1日200円、土・日曜・祝日最初の2時間800円、以降1時間毎に200円）

二見浦駅周辺／饅頭

旭家 酒素饅頭
あさひや さかもとまんじゅう

地図 p.121-A
二見浦駅から🚶3分

　1913（大正2）年創業。糀仕込の本酒素饅頭が名物で、地元では「さかまん」の名で親しまれている。ほんのりお酒が香る薄皮の中には、北海道産小豆のつぶ餡がぎっしり。サイズも小ぶりで上品な甘さなので、一度に2〜3個は食べられそうだ。数に限りがあるので、朝早めに行って出来たてを手に入れよう。軽く焼いて食べるのも香ばしい。

📞 0596-43-2226
📍 伊勢市二見町茶屋107-6
🕐 8:00〜19:00（売り切れ次第閉店）
🈁 不定
💴 酒素饅頭1個100円
Ⓟ 10台

二見浦

地図p.139-C、コース図p.125

熊野古道　伊勢路

ツヅラト峠コース

熊野灘の眺望に気分も晴れ晴れ

かつて伊勢と紀州を二分する境であったツヅラト峠。頂上の見晴し台に立つと、深い山の向こうに熊野灘が広がっている。九十九折りの坂道が続くものの、昭和の初期まで生活道だった古道で、アップダウンもさほどきつくなく初心者でも歩きやすい。

【DATA】
ツヅラト峠コース（JR梅ケ谷駅〜JR紀伊長島駅）
距離　約9km／高低差　約300m／所要　約3時間30分

アドバイス
梅ケ谷駅には各駅停車しか停まらないが、紀伊長島駅は特急も停まるので、帰りの交通の便を考えれば、梅ケ谷駅から出発して紀伊長島駅へ向かう方がベター。

八柱神社
やばしらじんじゃ

梅ケ谷駅からすぐのところにある神社は大内山村の氏神。境内は八柱公園として整備されており、その一角には紀州公の句碑が立っている。ここから登り口まではアスファルトの道を歩く。

見晴し台
みはらしだい

海抜357mの峠からは眼下に赤羽川の河口一帯を見晴らし、遠くには熊野灘を一望。眺望の良さは昼食をとるのに最適。

峠から下りの道中
まさに九十九折りの道を下る。大勢の人が歩き固めた土の道は滑りやすいので注意。

GOAL
JR紀伊長島駅

2km

志子

50分

1km

登山口

20分

2km

ツヅラト峠

40分

0.9km

30分

二郷神社　にごうじんじゃ

1282（弘安5）年建立の神社は、縁結びの神様の木花之開耶姫などを祀る。ゴールはもうすぐ。古道を歩いた人が次々と訪れる。

登山口

3.1km

START
ＪR梅ケ谷駅

70分

峠までの道中
ツヅラト峠登山口から道幅が狭くなり、すぐに急な上り坂になる。足元も悪く、できれば杖を持って歩きたい。

【問い合わせ先】
紀北町観光協会
☎0597-46-3555
JR紀伊長島駅（JR東海テレホンセンター）
☎050-3772-3910
三重交通南紀営業所
☎0597-85-2196：路線バス

↑ツヅラト峠の見晴し台

↑地元でとれる海の幸、山の幸を盛り込んだ熊野古道薬草弁当1200円（前日の午前中までに要予約 ☎0597-35-0771）

1 : 50,000
0　500m　1000m

ツヅラト峠の看板。ここから山道に。道幅は狭く、延々上りになる

林道と交差する。頂上はすぐ

標高357mのツヅラト峠。見晴し台があり東屋もある。

雑木林の中の 急な下りの坂道。滑りやすいので足元に注意。

野面乱層積みの石垣が見られる

ツヅラ花広場。休耕地を利用している。道は舗装道

WC

登山口

ツヅラト峠

小公園・WC

中野橋

紀州公句碑

高野橋

八柱神社（八柱公園）・WC

梅ヶ谷駅

↗名古屋へ

登山口

山側の未舗装の道を歩く

約300mの石畳道が残っている

棚田跡。石垣が残る

志子川沿いの道を歩く

志子

田山口

紀伊長島IC

国道422号線バイパスを歩き紀伊長島ICを過ぎると市内は近い

二郷神社

紀北町役場

道の駅「紀伊長島マンボウ」

ICを過ぎるとすぐに二郷神社がある

紀勢本線

紀伊長島駅

↙尾鷲へ

国道42号線を渡り、紀北町役場の横を過ぎるとゴールはすぐ

紀勢自動車道

馬越峠コース

ヒノキの林と苔の石畳が美しい

　紀北町海山区と尾鷲市の境にある馬越峠を越える一般向けコース。尾鷲ヒノキの林間を約2kmに渡ってつづく石畳は、熊野古道の中でもひときわ趣深い。途中、地蔵尊や句碑など史跡も多く、天狗倉山頂までひと足のばせば、尾鷲一円の眺望も楽しめる。

石畳の道
いしだたみのみち

　古道に入るとすぐに石畳の道になる。紀州藩によって整備された

この石畳は、雨の浸食と下草の繁茂から路面を守っている。しかし、濡れた石は滑りやすいので気をつけて歩こう。

【DATA】
馬越峠コース（🚏鷲毛〜JR尾鷲駅）
距離　約4km／高低差　約300m／所要　約2時間15分

アドバイス

行き帰りの足を考えれば、特急列車も停まるJR尾鷲駅を起点・終着点となるようにコースを組むのが便利。道中の景色も、峠を過ぎると尾鷲市街の眺望が前方に開けて気分がいい。
　峠の入口の🚏鷲毛へは、🚏尾鷲駅口（尾鷲駅の東約100m）から三重交通バス（1日11便）で13分。JR相賀駅から歩くと🚏鷲毛まで40分。道は国道42号線をたどる。

馬越峠
まごせとうげ

　標高325mのコース最高地点。尾鷲市街と八鬼山が一望できる。明治中頃まで、このあたりに餅などを売る茶屋があったという。東の枝道を登れば、約30分で天狗倉山の頂上へ。

0.7km
25分

馬越峠

1.5km
50分

START
🚏鷲毛

夜泣き地蔵
よなきじぞう

明治までは旅の安全を願って石仏が祀られていた。いつしか子供の夜泣きを封じる地蔵と変わり、哺乳瓶が供えられるようになった。

天狗倉山へ
てんぐらさん

　頂上は見上げるほどの巨石。馬越峠から急な上り坂だが、体力に自信があれば立ち寄ってみたい。頂上の石の上からの眺めは360度。

【問い合わせ先】
紀北町役場商工観光課　♪0597-46-3115
尾鷲観光物産協会　♪0597-23-8261
JR尾鷲駅（JR東海テレホンセンター）♪050-3772-3910
バスの問い合わせはp.124（三重交通）参照
【タクシー情報】
クリスタルタクシー（尾鷲営業所）♪0597-22-1418

馬越不動尊
まごせふどうそん

　馬越公園の西に位置する、行者堂の脇の細道を入ったところにある馬越不動尊。不動明王を祀る祠の横を、高さ20mほどの滝が流れ落ちる。

三重県立熊野古道センター
みえけんりつくまのこどうせんたー

地図p.139-G

　熊野の自然や歴史、生活を資料や映像から学べるビジターセンター。熊野古道・伊勢路の昔の道中を再現したジオラマや巡礼の装束・道具などの展示が興味深い。熊野古道の四季を描いたハイビジョン映像の上映もある。

🚏ふれあいバス🚏尾鷲駅、または三重交通🚏尾鷲駅口（駅から徒歩5分）から熊野古道センター行きまたは紀伊松本行きバスで8〜12分、🚏熊野古道センター（前）下車、👣1分
☎0597-25-2666　📍尾鷲市向井12-4
🕘9:00〜17:00／🈲12/31、1/1／💰無料

0.8km
GOAL
尾鷲駅
30分

北川橋
30分

1.0km
30分

馬越公園

馬越公園
まごせこうえん

　ベンチや水場、トイレがある。一角に役行者を祀る行者堂が立ち、その横のベンチも休憩に最適。

名古屋へ

紀勢本線

相賀駅

紀勢自動車道

鷲毛バス停
国道42号線と分かれて山へ向かう道が古道

すぐに石畳の道になる

道の駅「海山」。名物のさんま寿司をここで買って、散策中の食事にするのもいい。JR相賀駅から徒歩30分、🚏鷲毛から徒歩7分。9:00〜19:00（冬は〜18:00）。1/1休

馬越一里塚　夜泣き地蔵

林道と交差するところにベンチがある

石垣で囲まれた畑跡

馬越峠
江戸時代の俳人・可涼園桃乙の句碑がある

鷲毛公園。ベンチもある

沢の水で石が濡れているところがあるので注意。

天狗倉山

桜地蔵尊。水呑み地蔵とも呼ばれる

展望台。東屋もある

馬越公園。行者堂、馬越不動尊などがある
WC

馬越の津波供養塔

尾鷲神社

北川橋

野口雨情「尾鷲小唄」の一節碑

尾鷲駅

尾鷲駅口

朝日町

まちかどHOTセンター（尾鷲観光物産協会）

新宮へ　熊野古道センターへ

1：50,000
0　500m　1000m

松　阪

なにげない通りにも城下町の風情が漂う

　松阪といえば松阪肉の名前がすぐに浮かぶほど、その知名度は高い。町を歩けば松阪肉を食べさせる店があちらこちらにあり、足をとめずにはいられない。最近はホルモン焼きも人気だ。味だけではなく、町もいい。城下町の雰囲気が色濃く残る御城番屋敷周辺は、ぜひ歩いてみたい場所。江戸時代の武士の家がそのまま残り、現在もその家で、子孫が生活をしている。歴史のある地ならではの名産は、素朴な色合いと柄の松阪木綿。みやげに買って帰りたい。

松阪商人の館。商家建物では唯一の公開

松阪への行き方

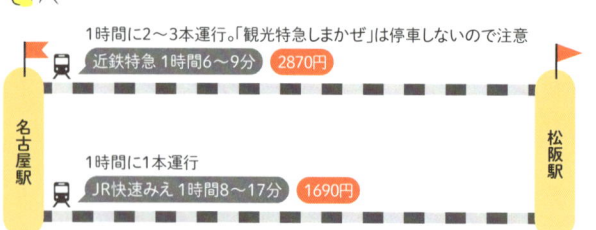

1時間に2〜3本運行。「観光特急しまかぜ」は停車しないので注意

🚃 近鉄特急 1時間6〜9分　2870円

1時間に1本運行

🚃 JR快速みえ 1時間8〜17分　1690円

名古屋駅 / 松阪駅

エリアの魅力

歩く楽しみ
★★★★★
味・みやげ
松阪肉

必見スポット：
松坂城跡　p.130、御城番屋敷　p.130、本居宣長記念館・旧宅「鈴屋」p.130、松阪もめん手織りセンター　p.132

標準散策時間：2時間
（松坂城跡〜御城番屋敷）

問い合わせ先

松阪駅観光情報センター
（松阪市観光協会）
☎0598-23-7771
松阪市観光交流課
☎0598-53-4196

タクシー情報

三重近鉄タクシー松阪配車センター
☎0598-50-1321
安全タクシー三重
☎0598-51-2277

タクシー料金の目安

松阪駅前
　　〜本居宣長記念館 780円

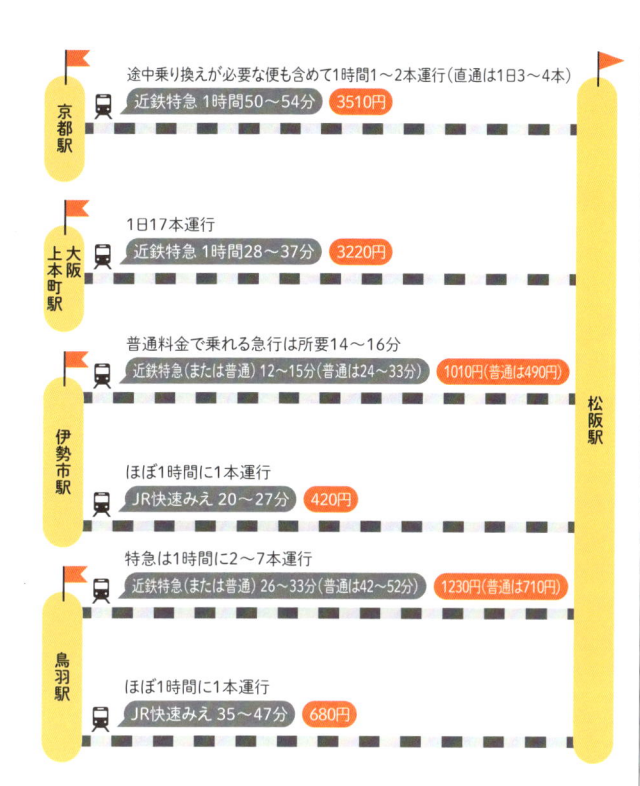

京都駅

途中乗り換えが必要な便も含めて1時間1〜2本運行（直通は1日3〜4本）
近鉄特急 1時間50〜54分　3510円

大阪上本町駅

1日17本運行
近鉄特急 1時間28〜37分　3220円

伊勢市駅

普通料金で乗れる急行は所要14〜16分
近鉄特急（または普通）12〜15分（普通は24〜33分）　1010円（普通は490円）

ほぼ1時間に1本運行
JR快速みえ 20〜27分　420円

鳥羽駅

特急は1時間に2〜7本運行
近鉄特急（または普通）26〜33分（普通は42〜52分）　1230円（普通は710円）

ほぼ1時間に1本運行
JR快速みえ 35〜47分　680円

松阪駅

松阪

手荷物預かり

　駅構内にコインロッカーがあるが、駅前にある松阪市観光情報センターでも手荷物預かりのサービスを行っている。1個500円。9:00〜17:30。♪0598-23-7771

松阪駅での注意

　松阪駅はJRと近鉄線が利用できる。ただし、京都・大阪から入る場合は、JRは乗り継ぎが多いなど不便。近鉄特急は一部停車しない便があるので注意。伊勢市駅、鳥羽駅からはJRより近鉄特急の方が早いが料金は割高。

 HINT

まわる順のヒント

　見どころは、ほとんど駅の南側に集中している。p.131の地図で紹介している、駅から最も遠い本居宣長記念館・旧宅「鈴屋」まで歩いても約15分と、徒歩で充分回れる広さだ。通りと通りの間には趣のある小路が走っており、ぶらぶら歩くのが楽しい。特に御城番屋敷周辺や観音小路のあたり、気のむくままに歩いてみよう。また駅の北口には「ホルモン街」があるのでお好きな人はぜひ。

　最新の観光情報は、JR側の駅前にある松坂市観光情報センターで。レンタサイクルも貸し出している。9:00〜17:30。4時間まで400円（電動アシスト車500円）、1時間増す毎にプラス100円。

 HINT

松阪から伊勢・鳥羽・志摩へ

　伊勢・鳥羽へは上記で紹介したルートを逆にたどる。志摩方面へは近鉄線のみ利用でき、特急が便利。鵜方まで50〜59分、1980円、賢島まで56〜64分、1880円。JR利用の場合は伊勢市駅で近鉄に乗り換えるか、バスを利用。バスだと乗り換えなしで目的地に行けるが、時間はかかることもある。

紀勢本線を走るJR東海の特急南紀

松坂城跡・御城番屋敷

まつさかじょうあと・ごじょうばんやしき

地図 p.131-A
松阪駅から🚶15分

　松阪は戦国の名将・蒲生氏郷が築いた城下町。松阪の町並みを見渡す高台に1588（天正16）年に築かれた松坂城の面影は石垣を残すのみで、現在はサクラ・フジ・紅葉の美しい松阪公園として親しまれている（国史跡）。往時の風情を漂わせるのが紀州藩士の邸宅であった御城番屋敷。2棟19軒、江戸末期の武家屋敷が、槙垣と石畳の道に沿って建ち並び、国の重要文化財に指定されている。その中の1軒が公開されている（写真）。

📞 0598-23-7771（松阪市観光情報センター）、
　 0598-26-5174（御城番屋敷）
📍 松阪市殿町
🕐 松坂城跡内自由、御城番屋敷10:00〜16:00
🚫 御城番屋敷：月曜（祝日の場合は翌日）・年末年始
💴 無料　🅿 近隣にあり

POINT　てくナビ／御城番屋敷の間の道はもちろんのこと、その周囲の道沿いにも槙垣で囲んだ住宅が多く、一帯に風情がある。特にコースにこだわらず、あたりを自由にそぞろ歩いてみたい。

本居宣長記念館・旧宅「鈴屋」

もとおりのりながきねんかん・きゅうたくすずのや

地図 p.131-A
松阪駅から🚶15分

　本居宣長は、18世紀を代表する松阪出身

の国学者。本業の医者として働くかたわら、古典を研究した。『古事記』を35年かけて解読し、注釈書『古事記伝』を執筆したことで知られる。本居宣長記念館は、そんな宣長の日記や直筆の著書をはじめ遺品など、貴重な資料約1万6000点を収蔵。年4回の企画展で、順次公開している。隣接する旧宅「鈴屋」は、国の特別史跡。宣長の当時の生活を偲ぶこともできる。2017年のリニューアルで、展示機能も充実。松阪の文化を知るなら、一度足を運んでみては。

📞 0598-21-0312
📍 松阪市殿町1536-7
🕐 9:00〜17:00（最終入館16:30）
🚫 月曜（祝日の場合は翌日）・年末年始
💴 400円（記念館・鈴屋共通）　🅿 15台

松阪市立歴史民俗資料館

まつさかしりつれきしみんぞくしりょうかん

地図 p.131-A
松阪駅から🚶15分

　松坂城跡内にあり、建物は1912（明治45）年にできた図書館を衣替えしたもの。松阪を商人の町として大いに発展させた伊勢白粉や松阪木綿の関係資料などを常設展示している。2階は小津安二郎松阪記念館。

📞 0598-23-2381
📍 松阪市殿町1539
🕐 9:00〜16:30（10月〜3月は〜16:00）
🚫 月曜・祝日の翌日・年末年始。臨時休館有り
💴 150円
🅿 近隣にあり

旧小津清左衛門家

きゅうおづせいざえもんけ

地図 p.131-B
松阪駅から🚶12分

江戸時代、三井家と並ぶ豪商として知ら

れた小津家の屋敷を公開。もとは何千坪もあった屋敷のごく一部とはいうものの、338坪の屋敷や万両箱には目を見張る。

📞 0598-21-4331
📍 松阪市本町2195
🕘 9:00〜17:00(最終入館16:30)
🅷 月曜・祝日の翌日・年末年始
💴 160円
🅿 無し

POINT
てくナビ／拡張されたよいほモールと違って、このあたりの道は幅が狭い。古い家を利用してみやげものを売る店などあり、雰囲気がいい。

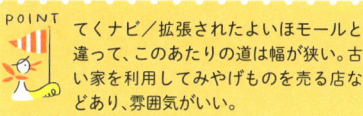

食べる＆買う

柳屋奉善
やなぎやほうぜん

地図 p.131-B
松阪駅から🚶 7分

　蒲生氏郷が滋賀から入城した際に一緒に移ってきたという 1575（天正3）年創業の菓子店。看板の菓子は老伴（1個、小 185円）。片側の最中種（皮）に羊羹を流した歴史あるお菓子である。

　表面にはコウノトリと延年の文字が描かれているが、これは先祖が持っていた中国伝来の瓦の文様を写したもの。3軒隣のはちみつ店松治郎の舗と共同開発した「はちみつ仕立ての老伴」も好評。

- 📞 0598-21-0138
- 📍 松阪市中町1877
- 🕐 9:00～18:00
- 🈁 火・水曜
- 💴 老伴（小）1個185円
- 🅿 近隣にあり

和田金
わだきん

地図 p.131-B
松阪駅から🚶 7分

　明治初期創業の松阪牛の老舗。「良い牛肉しか売るな…」が家憲で、自社牧場を持ち、独自の飼育法で常時 1000 余頭の雌牛を飼育している。最高の特選ロースを使う寿き焼き1万 4000円（サ別、以下同）～は、仲居さんが絶妙な加減で焼き上げ取り分けてくれる。志を焼 1万 4000円～は、塩で味をつけ、お好みで、ポン酢で食べる。肉本来のうま味が、味わえる逸品。

- 📞 0598-21-1188
- 📍 松阪市中町1878
- 🕐 11:30～20:00（土・日曜・祝日は11:00～）
- 🈁 第4火曜（月により変動あり）、1月1・2日
- 💴 寿き焼き1万4000円～（サ別）
- 🅿 50台

松阪もめん手織りセンター
まつさかもめんておりせんたー

地図 p.131-B
松阪駅から🚶 12分

　松阪の女性たちの手で受け継がれてきた歴史ある藍染と縞柄の魅力を伝える施設。手織りコースターなどが買えるほか、機織り体験も。「プチ織姫体験」コース 1500円（所要

約1時間）。

- 📞 0598-26-6355
- 📍 松阪市本町2176
- 🕐 9:00～17:00
- 🈁 火曜（祝日の場合は翌日）・年末年始
- 💴 所要5時間の1日体験5000円
- 🅿 2台

まつさか交流物産館
まつさかこうりゅうぶっさんかん

地図 p.131-D
松阪駅隣接

　JR松阪駅改札の真横にある土産物店。松阪牛の精肉販売・地方発送をはじめ、松阪銘菓や松阪木綿、松阪市のマスコットキャラクター「ちゃちゃも」のグッズ等、松阪の土産物がたくさん取り揃えられている。松坂城の御城印も購入できる。

- 📞 0598-22-3770
- 📍 松阪市京町507　JR松阪駅側
- 🕐 9:00～18:00　🈁 年末年始
- 💴 松坂城の御城印300円

宮本屋
みやもとや

地図 p.131-D
松阪駅から 🚶 5分

創業以来約60年、良質の肉をより安く提供することにこだわる評判の店。食材は仲卸を使わず直接仕入れている。自家製味噌ダレのおいしさは格別で、カルビ1100円、上ロース2200円、ホルモン660円など。韓国料理も楽しめる。

- 📞 0598-51-4569
- 📍 松阪市京町1区26-1
- 🕐 11:30〜20:30LO
- 🈺 日曜・GW・盆・正月
- 💰 カルビ1100円
- 🅿 15台

牛銀本店
ぎゅうぎんほんてん

地図 p.131-B
松阪駅から 🚶 15分

昔ながらの素朴な風味の松阪肉料理が食べられる。すき焼き9900円〜は、砂糖と醤油だけで味をつけ、煮込まず焼くようにさっと火を通して食べる。甘口が苦手なら、白醤油と白コショウで調味する汐ちり鍋9900円〜がおすすめ。厚めの肉をゴマだれやポン酢で食べる水だき（しゃぶしゃぶ）9900円〜もあっさり味

でいい。柔らかいヒレ肉を炭火で焼くあみやきは2万2000円〜。

- 📞 0598-21-0404
- 📍 松阪市魚町1618
- 🕐 11:00〜19:00LO
- 🈺 月曜（祝日の場合は木曜）
- 💰 汐ちり鍋9900円〜
- 🅿 50台

松燈庵
しょうとうあん

地図 p.131-A
松阪駅から 🚶 15分

御城番屋敷のすぐ近く。古き良き時代にタイムスリップしたような建物で、玉手箱ランチ1980円や松御膳2750円など予算に合わせた料理が楽しめる。松阪肉すき焼き御膳3960円、松阪肉に刺身や天ぷらなど付いた豪商のまち会席6380円も人気。喫茶メ

ニューも各種揃う。

- 📞 0598-23-0657
- 📍 松阪市殿町1360
- 🕐 食事11:00〜14:00LO、喫茶11:00〜15:00LO、夜は前日までの事前予約制（4名以上〜4840円〜）
- 🈺 水曜
- 💰 松坂肉すき焼き鍋3300円
- 🅿 16台

西洋肉料理 岡
せいようにくりょうり おか

地図 p.131-A
松阪駅前から 🚌 中央病院行きで5分、🚏 内五曲り下車 🚶 1分

家庭的な雰囲気のイタリアンレストラン。ここでぜひ味わってみたいのが、名物のタンシチューセット3000円とハンバーグ1200円。初代シェフが約50年前に作ったデミグラスソースをもとに、今も少しづつ継ぎ足しながら守り伝えているソースがタンシチューに深い味わいを加えている。

ほかに松阪牛シチューセット3600円、松阪牛ステーキコース9000円〜など。

- 📞 0598-21-2792
- 📍 松阪市内五曲町115-20
- 🕐 11:00〜14:20LO、17:00〜20:20LO
- 🈺 火曜・水曜
- 💰 タンシチューセット3200円
- 🅿 14台

松阪

熊野古道・南紀・伊勢への行き方

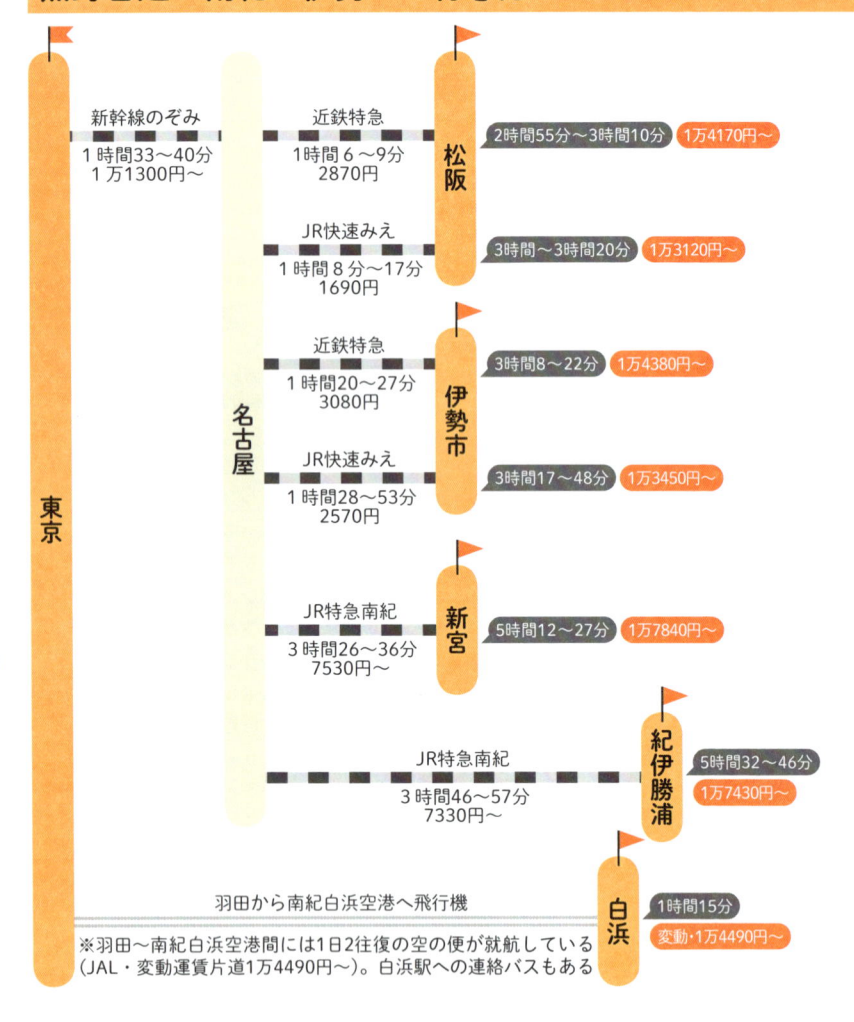

大阪から南紀・熊野へ列車orバス

　新大阪駅または天王寺駅から発車する特急「くろしお」を利用。また、大阪〜田辺・白浜間の高速バス（毎日13往復）もある。ユニバーサル・スタジオ・ジャパンとJR大阪駅前、なんばOCAT、りんくうタウン駅から乗車でき、紀伊田辺駅前などを経由。終点はアドベンチャーワールド（一部エクシブ白浜停まり）。料金も、大阪〜白浜が片道3000円（往復5300円）と、JRよりも安い。

高野山へは2ルート

　高野山へは、大阪・難波から南海高野線に乗るのが一般的。南紀方面からは、JRで和歌山まで出て和歌山線に乗換え橋本へ。橋本で南海高野線に乗る。もしくは、紀伊田辺からバスで入る。

南紀・熊野へは大阪経由？名古屋経由？

　東京など遠方から南紀へ行くには、目的地が紀伊勝浦から名古屋寄りか大阪寄りかがポイント。紀伊勝浦より名古屋寄りなら、

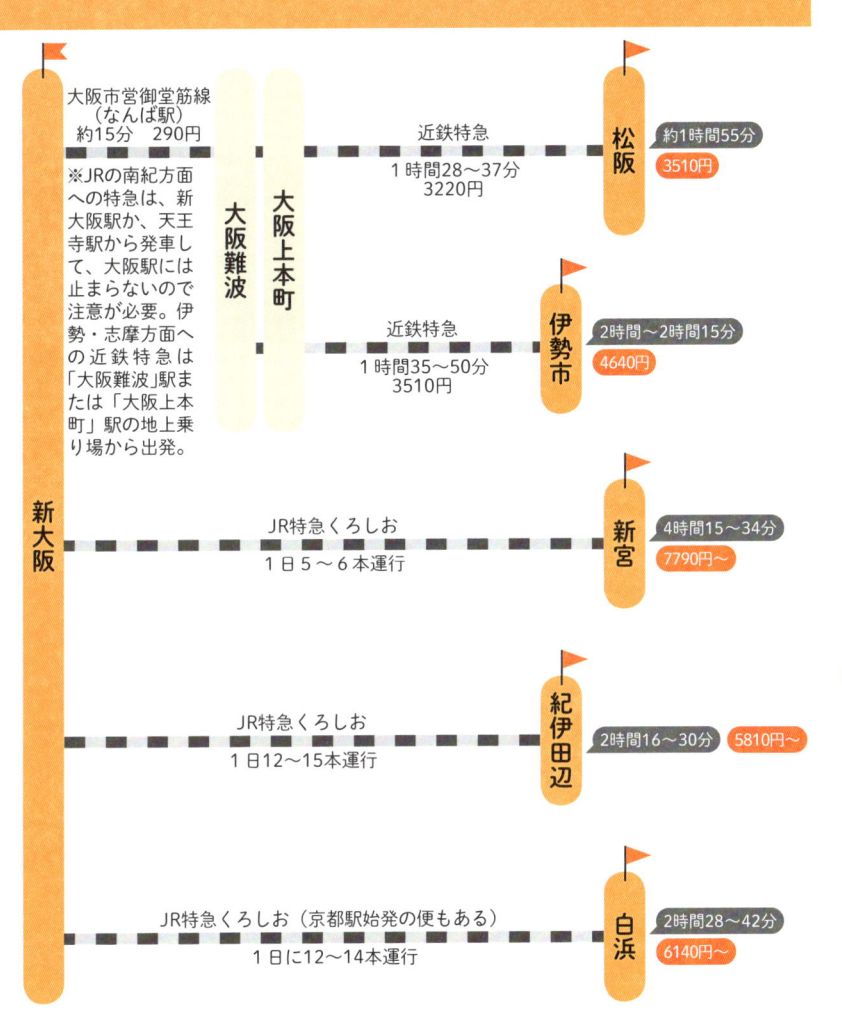

南紀エリアへの行き方

大阪市営御堂筋線（なんば駅）
約15分　290円

※JRの南紀方面への特急は、新大阪駅か、天王寺駅から発車して、大阪駅には止まらないので注意が必要。伊勢・志摩方面への近鉄特急は「大阪難波」駅または「大阪上本町」駅の地上乗り場から出発。

新大阪

大阪難波

大阪上本町

近鉄特急
1時間28〜37分
3220円

近鉄特急
1時間35〜50分
3510円

JR特急くろしお
1日5〜6本運行

JR特急くろしお
1日12〜15本運行

JR特急くろしお（京都駅始発の便もある）
1日に12〜14本運行

松阪　約1時間55分　3510円

伊勢市　2時間〜2時間15分　4640円

新宮　4時間15〜34分　7790円〜

紀伊田辺　2時間16〜30分　5810円〜

白浜　2時間28〜42分　6140円〜

特急「南紀」など名古屋経由で行く方が早いが、紀伊勝浦より大阪寄りなら、新幹線で新大阪まで出て、新大阪から特急「くろしお」に乗った方が早い。ただしその場合、運賃は高くなる。

中部国際空港から船とバスを乗り継ぎ、伊勢神宮へ

　中部国際空港（セントレア）から津エアポートライン高速船で津なぎさまちに渡り、三重交通の神宮リムジンバスで、内宮前ま

で2時間20分ほどで着く。空港発11時、16時の1日2便で、料金はセットで3200円。

※航空運賃は時期によって大きく変動する。

※JRの特急料金は指定席利用からの表示。近鉄は普通車指定席。

※最終地までの所要時間には、乗継の時間も含む。2024年12月現在の例。

エリア内の交通

南紀の移動は紀勢本線の列車が便利だが、普通列車は少なく、特急利用だと料金が割高なので、バスの便も確認し、ムダのないアクセス方法を検討するようにしよう。

バス便やトクトクきっぷの利用も

本書で紹介している南紀エリアの紀伊田辺（p.50に掲載）、白浜、串本（くしもと）、太地（たいじ）、紀伊勝浦、新宮（p.36に掲載）にはJR線が通っており、主な移動の交通手段は、JR紀勢本線の列車がメインとなる。

紀伊田辺から新宮まで通しで走る普通列車は、午前中3便、午後は4便しかないので、短い区間でも特急列車（1日5便）を利用する必要がある。区間によっては普通列車より割高だが、特急列車よりは運賃が安いバ

紀勢本線を走るJR特急南紀

スの利用を考えたい。また、旅行期間が2日以上あり、南紀エリア内を頻繁に列車やバスで移動するのなら、JRの南紀・熊野古道フリーきっぷといったトクトクきっぷを検討するのがいい。

白浜から	本宮へ	白浜空港→本宮	明光バス　🕐2時間22分　💴2550円 ♪明光バス白浜営業所 0739-42-3378 ●1日1便で9:28発。羽田発の1番便は8:55南紀白浜着
	新宮へ	白浜→新宮	JR特急「くろしお」　🕐1時間45〜57分　💴3420円〜 ♪JR西日本 0570-00-2486 ●1日5本。普通列車は所要2時間10〜57分で1690円、1日6本
	那智へ	白浜→那智	JR特急「くろしお」＋熊野御坊南海バス（紀伊勝浦駅で乗り換え）　🕐約2時間30分（乗り換え時間含まず）　💴3880円〜　♪JR西日本 0570-00-2486・熊野御坊南海バス 0735-22-5101　●特急は1日5本。バスは1時間に1〜2便
	高野山へ	白浜→高野山	JR特急「くろしお」＋JR和歌山線（和歌山駅乗り換え）＋南海高野線（橋本駅乗り換え）＋高野山ケーブル（極楽橋乗り換え）　🕐3時間30分〜4時間　💴6020円〜　♪JR西日本 0570-00-2486・南海コールセンター 050-3090-2608
紀伊勝浦から	本宮へ	紀伊勝浦→本宮	熊野御坊南海バス（新宮高校前乗り換え）　🕐約1時間40分　💴2010円　♪熊野御坊南海バス 0735-22-5101　●紀伊勝浦〜新宮間は1日26便、新宮高校〜本宮大社前間は1日12便。紀伊勝浦〜新宮間はJR紀勢線も利用できる
	伊勢へ	紀伊勝浦→伊勢市	JR特急「南紀」＋JR参宮線（多気駅乗り換え）　🕐2時間47分〜3時間　💴6210円〜　♪JR東海 050-3772-3910　●「南紀」の紀伊勝浦駅発は1日3本〜、新宮駅発は1日4本〜
	白浜へ	紀伊勝浦→白浜	JR特急「くろしお」　🕐1時間26〜32分　💴3250円〜 ♪JR西日本 0570-00-2486　●1日5本。普通列車は所要1時間44分〜2時間11分で1520円、1日7本
	串本へ	紀伊勝浦→串本	JR特急「くろしお」　🕐33〜34分　💴1800円〜 ♪JR西日本 0570-00-2486 ●1日5本。普通列車は所要37〜44分で510円、1日9本

レンタカーの問い合わせ先

駅レンタカー西日本紀伊田辺営業所♪0739-26-0939、ニッポンレンタカー（白浜空港）♪050-1712-2515、トヨタレンタカー（白浜）♪0739-43-3000、日産レンタカー（白浜）♪0739-42-4123、駅レンタカー西日本白浜営業所♪0739-43-0214、駅レンタカー西日本紀伊勝浦営業所♪0735-52-5724、駅レンタカー西日本新宮営業所♪0735-21-3398、トヨタレンタカー串本駅前店♪0735-62-0739

タクシーの利用も検討

例えば、串本の場合、橋杭岩（はしくいいわ）や潮岬（しおのみさき）、大島へのバスルートはそれぞれ駅を起点に一方向のみの運行なので、効率良く観光名所を回る場合には、タクシーの利用も検討しよう。目安は、串本駅から大島観光が2.5時間2万2000円ぐらい、串本駅から橋杭岩〜潮岬〜海中公園〜串本駅のコースで5時間3万2500円ぐらい。

※熊野の交通については p.18 も参照

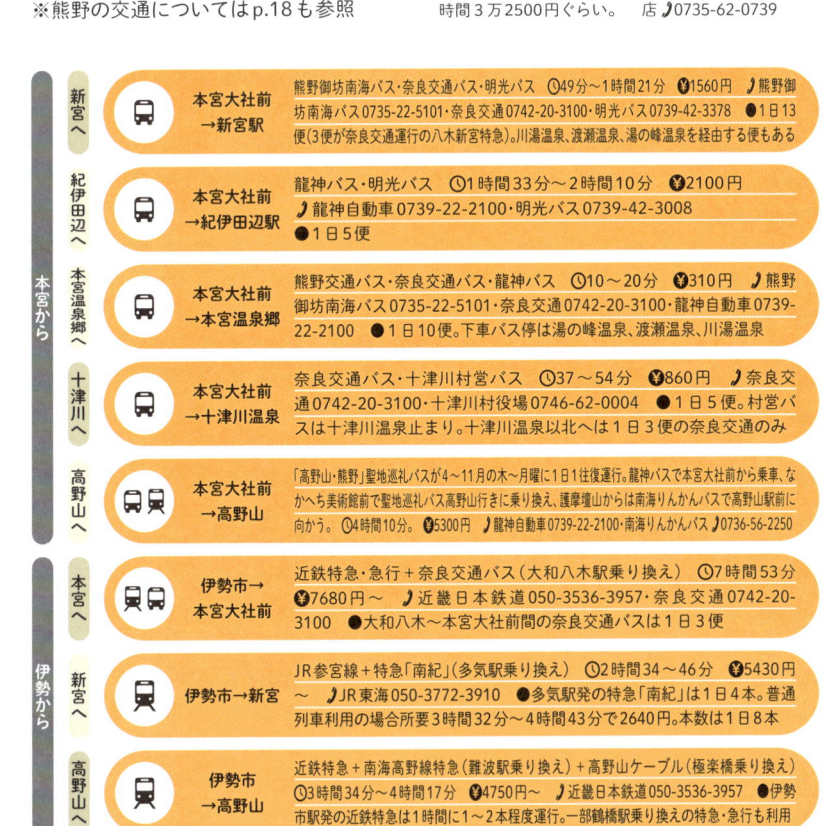

本宮から	新宮へ	本宮大社前→新宮駅	熊野御坊南海バス・奈良交通バス・明光バス ①49分〜1時間21分 ¥1560円 ♪熊野御坊南海バス 0735-22-5101・奈良交通 0742-20-3100・明光バス 0739-42-3378 ●1日13便（3便が奈良交通運行の八木新宮特急）。川湯温泉、渡瀬温泉、湯の峰温泉を経由する便もある
	紀伊田辺へ	本宮大社前→紀伊田辺駅	龍神バス・明光バス ①1時間33分〜2時間10分 ¥2100円 ♪龍神自動車 0739-22-2100・明光バス 0739-42-3008 ●1日5便
	本宮温泉郷へ	本宮大社前→本宮温泉郷	熊野交通バス・奈良交通バス・龍神バス ①10〜20分 ¥310円 ♪熊野御坊南海バス 0735-22-5101・奈良交通 0742-20-3100・龍神自動車 0739-22-2100 ●1日10便。下車バス停は湯の峰温泉、渡瀬温泉、川湯温泉
	十津川へ	本宮大社前→十津川温泉	奈良交通バス・十津川村営バス ①37〜54分 ¥860円 ♪奈良交通 0742-20-3100・十津川村役場 0746-62-0004 ●1日5便。村営バスは十津川温泉止まり。十津川温泉以北へは1日3便の奈良交通のみ
	高野山へ	本宮大社前→高野山	「高野山・熊野」聖地巡礼バスが4〜11月の木〜月曜に1日1往復運行。龍神バスで本宮大社前から乗車、なかへち美術館前で聖地巡礼バス高野山行きに乗り換え、護摩壇山からは南海りんかんバスで高野山駅前に向かう。①4時間10分。¥5300円 ♪龍神自動車 0739-22-2100・南海りんかんバス♪0736-56-2250
伊勢から	本宮へ	伊勢市→本宮大社前	近鉄特急・急行 + 奈良交通バス（大和八木駅乗り換え）①7時間53分 ¥7680円〜 ♪近畿日本鉄道 050-3536-3957・奈良交通 0742-20-3100 ●大和八木〜本宮大社前間の奈良交通バスは1日3便
	新宮へ	伊勢市→新宮	JR参宮線 + 特急「南紀」（多気駅乗り換え）①2時間34〜46分 ¥5430円〜 ♪JR東海 050-3772-3910 ●多気駅発の特急「南紀」は1日4本。普通列車利用の場合所要3時間32分〜4時間43分で2640円。本数は1日8本
	高野山へ	伊勢市→高野山	近鉄特急 + 南海高野線特急（難波駅乗り換え）+ 高野山ケーブル（極楽橋乗り換え）①3時間34分〜4時間17分 ¥4750円〜 ♪近畿日本鉄道 050-3536-3957 ●伊勢市駅発の近鉄特急は1時間に1〜2本程度運行。一部鶴橋駅乗り換えの特急・急行も利用

エリア内の交通

紀伊半島

1:600,000

0　10km

139

吉野熊野国立公園

十津川 P.60
和歌山県
奈良県
三重県

C

D

熊野市
鬼ヶ城センター

熊野本宮大社 P.33
吉野熊野国立公園

本宮温泉郷 P.45

G

H

熊野速玉大社
新宮 P.36

那智 P.40
青岸渡寺
熊野那智大社

40

紀伊勝浦 P.81

83

太地 P.78

80

K

L

古座川町

串本 P.78
吉野熊野国立公園

79

さくいん

さくいん

ブルーガイド 11

てくてく歩き

制作スタッフ

取材執筆・編集	トランス・タイム　細内律子
	杉本厚子・若林さち代
編集協力	株式会社 千秋社
	舟橋新作
	髙砂雄吾(ハイフォン)
写真	谷口哲・山下義朗・森本勝哉
	山際由里子・Kankan
	和歌山県観光連盟
	観光三重フォトギャラリー
	熊野本宮観光協会
	新宮市観光協会・熊野本宮大社
	神宮司庁
	©IWAO KATAOKA／SEBUN PHOTO／
	熊野写真館(帯写真)
カバーデザイン	寄藤文平＋鈴木千佳子(文平銀座)
イラスト (カバー＋てくちゃん)	鈴木千佳子
本文デザイン設計	浜名信次(BEACH)
本文デザイン	清水ツユコ
地図制作	株式会社 千秋社
イラスト(本文)	加藤昌子
	オフィスリード
Special Thanks to	三重県観光連盟　和歌山県観光連盟
	わかやま喜集館　那智勝浦町観光協会
	田辺市熊野ツーリズムビューロー
	熊野本宮大社　奈良交通
	白浜観光協会　アドベンチャーワールド
	神宮司庁　松阪市商工観光課
	近畿日本鉄道　三重交通
	おかげ横丁伊勢福
	伊勢・安土桃山文化村
	伊勢市教育委員会
	箟本二郎　伊勢文化舎

ブルーガイド てくてく歩き 11
熊野古道・南紀・伊勢

2025年3月25日　第9版第1刷発行

編　集	ブルーガイド編集部
発行者	岩野裕一
印刷所	大日本印刷株式会社
製本所	株式会社ブックアート
DTP	株式会社 千秋社
発行所	株式会社実業之日本社
	〒107-0062
	東京都港区南青山6-6-22
	emergence 2
電話	編集・広告 03-6809-0473
	販売 03-6809-0495
	https://www.j-n.co.jp/

●実業之日本社のプライバシーポリシー(個人情報の取り扱い)は上記のサイトをご覧ください。
●P.138-139／この地図の作成に当たっては、国土地理院長の承認を得て、同院発行の数値地図50mメッシュ(標高)を使用したものです。(承認番号　平12総使、第19号)
●本書の地図の作成に当たっては、国土地理院長の承認を得て、同院発行の50万分の1地方図、20万分の1地勢図、5万分の1地形図、2万5千分の1地形図及び1万分の1地形図を使用したものです。(承認番号　平16総使、第257号)
●本書の一部あるいは全部を無断で複写・複製(コピー、スキャン、デジタル化等)・転載することは、法律で定められた場合を除き、禁じられています。
また、購入者以外の第三者による本書のいかなる電子複製も一切認められておりません。
●落丁・乱丁(ページ順序の間違いや抜け落ち)の場合は、ご面倒でも購入された書店名を明記して、小社販売部あてにお送りください。
送料小社負担でお取り替えいたします。
ただし、古書店等で購入したものについてはお取り替えできません。
●定価はカバーに表示してあります。

ISBN978-4-408-05775-0(第二BG)